AF266522

DU RENVOI

SOUS LA SURVEILLANCE

DE LA

HAUTE POLICE DE L'ÉTAT.

Par **M. CHATAGNIER,**

JUGE D'INSTRUCTION A ROANNE.

———

PARIS

IMPRIMERIE ET LIBRAIRIE GENERALE DE JURISPRUDENCE

DE COSSE, succes^r **DE COSSE ET Ve DELAMOTTE,**

Libraire de l'Ordre des Avocats à la Cour de cassation,

PLACE DAUPHINE 27.

1849

DU RENVOI

SOUS LA SURVEILLANCE

DE LA

HAUTE POLICE DE L'ÉTAT.

PAR **M. CHATAGNIER,**

JUGE D'INSTRUCTION A ROANNE.

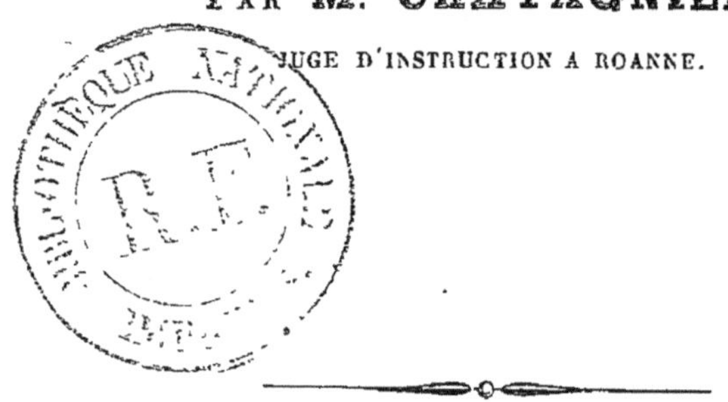

PARIS

IMPRIMERIE ET LIBRAIRIE GENERALE DE JURISPRUDENCE

DE COSSE, SUCCESSʳ DE COSSE ET N. DELAMOTTE,

Libraire de l'Ordre des Avocats à la Cour de cassation,

PLACE DAUPHINE, 27.

1849

DU RENVOI
SOUS LA SURVEILLANCE

DE LA

HAUTE POLICE DE L'ÉTAT.

Au moment où des projets s'élaborent pour la réforme de notre législation criminelle, il peut ne pas être sans intérêt d'émettre quelques idées touchant le renvoi sous la surveillance de la haute police de l'État. S'il est vrai que le temps soit venu de rejeter de nos lois répressives tout ce que repousse la raison, tout ce qui blesse l'humanité, tout ce qui ne concourt pas à l'amendement du coupable, tout ce qui n'est pas bénéfice légitime pour la société, il y a opportunité, utilité, ce nous semble, à examiner si la mesure dont nous venons de parler doit être maintenue.

A en croire le Code pénal, le renvoi sous la surveillance de la haute police est une peine; l'art. 11 le déclare formellement : non pas une peine principale, mais une peine accessoire; c'est-à-dire, qui ne peut être prononcée qu'à la suite d'une peine principale, comme étaient autrefois la marque et l'exposition publique, comme est encore, aujourd'hui, l'interdiction des droits civiques, civils et de famille, comme est aussi l'amende dans une foule de cas.

Nous aurons à apprécier, plus tard, si c'est à bon droit que le renvoi sous la surveillance est ainsi rangé dans la catégorie des peines.

Cette mesure, mise par le législateur français à la disposition des magistrats, n'a pour elle ni l'universalité de son adoption, ni la sanction du temps; les Codes des autres nations l'ont repoussée, du moins telle qu'elle existe chez nous, et elle n'a commencé à donner signe de vie en France que dans le Sénatus-consulte organique du 28 floréal an 12, qui portait dans son art. 131, qu'en acquittant, la Haute-Cour pouvait mettre ceux qui étaient absous sous la surveillance et à la disposition de la haute police de l'État pour un temps déterminé. Notre ancienne législation n'en parlait pas, que nous sachions, ni le Code des délits et des peines de 1791. Le premier décret qui réglementa cette matière fut celui du 19 vent. an 13; ce décret disposait que les forçats libérés seraient tenus de déclarer dans quelle commune ils voulaient établir leur résidence, et qu'arrivés dans cette commune, ils y seraient mis sous la surveillance de l'autorité locale. Vint ensuite le décret du 17 juillet 1806, qui imprima plus de vigueur aux prohibitions résultant de la mise en surveillance : la capitale, les résidences impériales, les frontières, les places de guerre furent interdites aux libérés; le ministre de la police eut la faculté de les déplacer des lieux qu'ils habitaient et de leur prescrire un lieu de résidence : ils ne pouvaient changer de domicile sans autorisation.

Notons ici que, soit dans le décret de ventôse an 13, soit dans celui de 1806, la mise en surveillance ne s'appliquait qu'aux forçats libérés.

Lors de la discussion du Code pénal de 1810, on éleva la question de savoir s'il ne convenait pas, dans certains cas, d'étendre l'application de cette mesure même aux délits du ressort de la police correctionnelle. Nous étions alors en plein Empire, et certes, la philanthropie de l'époque n'était pas très tendre à l'encontre de la modération des peines ; pourtant, Cambacérès insista pour que la mise en surveillance ne pût être prononcée que par les Cours d'assises, c'est-à-dire, qu'en cas de crime seulement. La commission du corps législatif elle-même, appelée à participer à la rédaction du Code, émit le vœu que ce moyen ne fût employé qu'avec beaucoup de circonspection dans les matières correctionnelles. Il n'en fut pas ainsi : l'opinion de Cambacérès fut rejetée, et, au lieu de la circonspection recommandée par la commission, ce fut avec profusion, avec prodigalité que la mise en surveillance fut attachée par le Code de 1810 à des délits, peu graves en eux-mêmes, et n'offrant que peu de périls. C'est ainsi que l'art. 401 de ce Code permettait (il en est de même aujourd'hui) d'adjoindre la surveillance à la peine d'emprisonnement dans tous les vols, quelques minimes qu'ils fussent, et c'est ainsi encore que l'art. 58 (toujours en vigueur) en faisait la conséquence nécessaire de la récidive dans tous les cas de simple délit.

Chose étrange ! Voilà une mesure qui, inconnue à la législation précédente, prend naissance aux abords de l'Empire, qui s'aggrave en 1806, et qui s'aggrave encore en 1810 ! Il semblerait qu'il eût dû en être tout autrement; car, d'ordinaire, le temps et les lumières amènent de l'adoucissement dans les sévérités de la loi; pourquoi donc cette marche ascendante en ce qui concerne la mise en surveillance spécialement ? Pourquoi ! nous le dirons; mais revenons d'abord à la loi de 1810.

Cette loi, indépendamment de l'extension de la surveillance aux matières correctionnelles, introduisit un nouveau système; le cautionnement en devint le principe fondamental. Si, à l'expiration de sa peine, le condamné fournissait une caution de bonne conduite, consistant dans le dépôt d'une somme fixée par le jugement ou l'arrêt de condamnation, il recouvrait sa liberté entière; à défaut de cette caution, il était placé sous la surveillance, et il restait à la disposition du gouvernement qui pouvait ordonner ou son éloignement d'un certain lieu, ou sa résidence continue dans un lieu déterminé.

On se promit de grands avantages de cette invention du cautionnement; on se figura qu'elle ferait disparaître la plupart des inconvénients qui ressortaient des rigueurs de la police dans la mise à exécution des moyens de surveillance; on se trompa. D'abord, en fait, très peu de condamnés profitèrent de l'option, soit à cause de la difficulté de fournir le cautionnement, soit parce que l'on ignorait généralement le bénéfice de la loi; et puis, un vice radical infectait cette mesure; de deux choses l'une : ou le taux du cautionnement n'était pas assez élevé pour constituer une garantie sérieuse, et alors le cautionnement était inutile, ou ce taux était assez élevé, et alors cette élévation même, en mettant obstacle au rachat du plus grand nombre des condamnés, consacrait l'inégalité dans le châtiment, ou du moins dans les rigueurs attachées à la peine.

La faculté du cautionnement n'était qu'une amère dérision à l'égard des malheureux dont la bourse était vide; pour eux, malgré le texte légal, il n'y avait pas d'option, il leur fallait subir la surveillance quand même.

Cela n'était pas de la justice, et les avantages, que pouvaient retirer quelques rares privilégiés de la faveur que leur offrait la loi, ne sauraient compenser, à nos yeux, les funestes résultats de l'échec qu'en éprouvaient et la morale et l'équité. Rien ne nuit plus au respect dû à la loi, rien ne blesse plus le sentiment de dignité des masses, rien ne tend plus à relâcher les liens de fraternité des citoyens que l'inégalité dans les charges dont on les grève, que ces charges soient des peines proprement dites, ou qu'elles ne soient que des incapacités, des prohibitions, des interdictions; c'est au point qu'il vaudrait mieux, selon nous, dans l'intérêt social même, des charges trop sévères, trop lourdes, mais imposées également, que des charges légères, mais réparties d'une manière inégale. Il est moins dangereux que l'on dise que la loi est dure que si l'on disait qu'elle est injuste; on la subit plus docilement dans le premier cas que dans l'autre. Il y a, d'ailleurs, bien assez d'inégalités dans la nature et dans la société sans que le législateur vienne se mêler d'en créer encore d'artificielles et de contraires au principe d'éternelle justice qui veut que, du moins devant la loi, tous les citoyens soient égaux.

Sous un autre rapport encore, le cautionnement était un

expédient funeste ; on a fait la remarque que cet inique bénéfice profitait surtout aux libérés de Paris et des autres grandes
villes, c'est-à-dire aux malfaiteurs ordinairement les plus pervers et les plus dangereux ; et cela s'explique par cette double
observation que la plupart de ces gens-là, récidivistes et coutu-
miers en fait de vol, trouvaient ainsi au fond de leur escarcelle
des débris de larcins en quantité suffisante pour cautionner leur
avenir, ou bien, avaient recours, dans ce but, à la bourse de
leurs complices, de leurs confrères en méfaits, avec lesquels
ils étaient solidairement associés. Ainsi, il arrivait que le criminel le plus taré, le plus endurci, le plus redoutable, recouvrait sa liberté entière parce qu'il comptait une somme de...,
tandis qu'un jeune homme, sans tache criminelle antérieure,
sans antécédents judiciaires, et condamné comme vagabond
parce que les rudesses du travail l'avaient effrayé et qu'il
avait cédé au désir de courir le monde, restait soumis aux angoisses de la surveillance n'ayant pu fournir de caution. Quel
est celui des deux, pourtant, qui méritait la plus grande sévérité, et qu'il importait le plus de surveiller, d'entourer d'entraves? Evidemment, c'est le premier. Il est donc vrai de dire
que la théorie du cautionnement était encore, de ce chef, un
mauvais calcul dans l'intérêt de la société.

Du reste, on ne tarda pas à interpréter le sens et les termes
de la loi, et on le fit de telle manière que le cautionnement ne
fut plus considéré comme un droit appartenant au condamné,
mais seulement comme une faculté inhérente à l'autorité ; le
pouvoir de fixer aux condamnés libérés le lieu de leur résidence resta comme le droit commun.

Nous ne devons pas rappeler, sans la flétrir de toute l'énergie d'une conscience honnête, une autre mesure, inique, bar-
bare, digne du moyen-âge, que prescrivait en cette matière le
Code de 1810. A défaut de cautionnement, la surveillance
était infligée ; on pouvait exiger du condamné une résidence
continue dans un lieu déterminé. En cas de désobéissance à
cette prescription, le Gouvernement avait le droit de le faire

arrêter et détenir jusqu'à l'expiration du temps fixé pour la surveillance. Ainsi, l'infraction se traduisait en détention administrative ; de jugement, point ; point de défense du prévenu, aucune garantie en sa faveur ! Et pourtant, il s'agissait d'une peine souvent très grave, quelquefois perpétuelle, puisque l'autorité administrative ayant la faculté de détenir jusqu'à la fin du temps marqué pour la surveillance, et le coupable pouvant être soumis à la surveillance à vie, l'emprisonnement pouvait durer jusqu'à sa mort, quelque reculée qu'elle fût ; et le tout uniquement parce que le surveillé se serait avisé de changer de résidence sans autorisation ! Quelle odieuse disposition pénale ! De quel frisson douloureux n'est-on pas saisi quand on songe que cela se passait ainsi naguère sous nos yeux, et qu'il n'y a pas encore vingt ans que cette législation florissait !

Quant au mode de surveillance, il était d'une sévérité tellement exagérée, disent les auteurs de la *Théorie du Code pénal,* « qu'il élevait des obstacles presque insurmontables à l'amen-
« dement des criminels ; les mesures rigoureuses, prises par la
« police pour s'assurer que le libéré occupait réellement la ré-
« sidence assignée, donnaient au fait de la condamnation une
« publicité inévitable. Surveillé par des agents subalternes,
« signalé à la défiance des maîtres, à la jalousie, au mépris
« des ouvriers, suspect de tous les crimes du lieu qu'il habi-
« tait, le libéré ne trouvait pas de travail ; l'impossibilité de
« gagner son pain étouffait en lui toute résolution de vie
« meilleure, et la misère le rejetait bientôt dans le crime. »

Ce tableau trop fidèle des déplorables résultats soit de la de la surveillance, soit des moyens d'exécution, soumis à l'examen du législateur de 1832, lui fit enfin comprendre qu'il était urgent de modifier cet état de choses.

En 1832 donc, et par la loi du 28 avril, laquelle nous régit encore, la surveillance fut maintenue, il est vrai, mais le cautionnement fut aboli, les détentions administratives cessèrent, il fallut une décision émanée d'un tribunal correctionnel, avec toutes garanties rationnelles, pour que l'infraction au ban de surveillance fût considérée comme un fait punissable ; il n'y eut plus de résidences obligées, le libéré put en changer à son gré, sauf à faire une déclaration préalable ; enfin, le droit de surveillance ne dût plus être que le droit, 1º de surveiller les démarches du condamné et d'exiger de lui, dans ce but, la désignation du lieu où il entendait résider ; 2º de lui interdire, si cela était jugé utile, l'accès de certains lieux où sa présence pouvait être dangereuse, par exemple, de ceux qu'habitaient sa victime ou la famille de celle-ci, les témoins, les jurés ; de ceux où étaient établis des maisons de détention, des bagnes, et aussi des grandes villes, où la présence d'une foule de libérés pouvait occasionner de redoutables associations.

Voici ce que disait, à cet égard, M. le ministre de l'intérieur dans sa circulaire du 18 juillet 1833 : « Les condamnés à la « surveillance doivent être dispensés, à l'avenir, de toutes ces « mesures de police qui, en donnant au fait une inévitable « publicité, les frappaient d'une sorte de réprobation univer- « selle, et les mettaient dans l'impossibilité d'amender leur « conduite. Ils ne seront donc plus assujettis à se représenter « à des époques périodiques, comme on leur en avait imposé « l'obligation dans certaines villes. Il faut qu'ils soient tou- « jours connus de l'administration, et qu'ils restent inconnus « du public. »

D'après ces bienveillantes dispositions, d'après les amélio- rations, les changements introduits, on aurait pu penser que la loi nouvelle allait faire disparaître toutes les iniques entra- ves qui martyrisaient les condamnés placés sous la surveil- lance ; eh bien ! non, cela n'a pas eu lieu ; les prescriptions, les vœux du ministre de l'intérieur n'ont point eu le résultat qu'il en espérait ; les plus graves des inconvénients auxquels on voulait remédier subsistent encore. Nous essaierons de le prouver.

Pour terminer cet historique et poser la base de la discus- sion à laquelle nous allons nous livrer, copions textuellement les art. 44, 45 du Code pénal, et indiquons ensuite les variétés multiples de la surveillance, et les nombreux et principaux crimes et délits qui la nécessitent ou l'admettent facultativement.

« Art. 44. L'effet du renvoi sous la surveillance de la
« haute police sera de donner au Gouvernement le droit de
« déterminer certains lieux dans lesquels il sera interdit au
« condamné de paraître après qu'il aura subi sa peine. En
« outre, le condamné devra déclarer, avant sa mise en liberté,
« le lieu où il veut fixer sa résidence ; il recevra une feuille de
« route réglant l'itinéraire dont il ne pourra s'écarter, et la
« durée de son séjour dans chaque lieu de passage. Il sera
« tenu de se présenter, dans les vingt-quatre heures de son
« arrivée, devant le maire de la commune ; il ne pourra chan-
« ger de résidence sans avoir indiqué, trois jours à l'avance,
« à ce fonctionnaire, le lieu où il se propose d'aller habiter,
« et sans avoir reçu de lui une nouvelle feuille de route. »

« Art. 45. En cas de désobéissance aux dispositions pre-
« scrites par l'article précédent, l'individu mis sous la sur-
« veillance de la haute police sera condamné par les tribu-
« naux correctionnels à un emprisonnement qui ne pourra
« excéder cinq ans. »

La surveillance est à vie ou à temps ; elle est à vie pour la plupart des crimes, à temps pour les délits.

La mise en surveillance est ou facultative, ou obligatoire, ou de plein droit.

Il n'est pas nécessaire d'expliquer ce que c'est que la mise en surveillance facultative. La mise en surveillance est obligatoire lorsque la loi oblige formellement le juge à la prononcer. Elle est de plein droit lorsque la loi elle-même la prononce sans l'intermédiaire du juge. Il y a cette différence entre ces deux derniers états de la surveillance que quand celle-ci est simplement obligatoire elle n'a pas lieu si les juges l'omettent, tandis que la surveillance de plein droit frappe le coupable sans qu'il soit nécessaire que l'arrêt l'y condamne.

L'admission des circonstances atténuantes modifie, dans certains cas, l'application de ces principes; nous en parlerons plus tard.

La mise en surveillance, lorsqu'elle a lieu pour délits, est le plus souvent facultative, mais quelquefois obligatoire.

Elle est presque toujours de plein droit, en cas de condamnations à des peines afflictives et infamantes.

Les travaux forcés à temps, la détention, la réclusion, entraînent, de plein droit, la surveillance à vie (art. 47).

Le bannissement entraîne, de plein droit, la surveillance pendant un temps égal à la durée de la peine subie (art. 48).

Les condamnés pour crimes ou délits qui intéressent la sûreté intérieure ou extérieure de l'Etat doivent être renvoyés sous la même surveillance (art. 49).

A la lecture de l'art. 50, on serait tenté de croire que, hors les cas ci-dessus, la surveillance n'apparaîtra plus que dans des occasions très rares et très graves; car cet article porte : « Hors les cas déterminés par les articles précédents, « les condamnés ne seront placés sous la surveillance de la « haute police de l'état que dans le cas où une disposition « particulière de la loi l'aura permis. » Mais, en parcourant les articles ultérieurs, on ne tarde pas à s'alarmer de la fréquence de la réapparition de cette mesure; on la retrouve aux art. 58, 100, 108, 138, 221, 246, 271, 282, 308, 315, 317, 326, 335, 343, 388, 400, 401, 415, 416, 419, 420, 421, 444, 452, articles relatifs à de simples délits, et qu'il peut être utile de spécifier dans les détails suivants :

Art. 58 (déjà par nous signalé). Récidive de délit : surveillance obligatoire de 5 ans à 10 ans ;

Art. 100. Sédition : surveillance facultative de 5 ans à 10 ans ;

Art. 108. Révélation par les coupables de crimes compromettant la sûreté intérieure ou extérieure de l'Etat : point de peine, mais surveillance facultative à vie ou à temps ;

Art. 138. Révélation par le coupable du crime de fausse monnaie : pas de peine, mais surveillance comme à l'article 108 ;

Art. 221. Rébellion : surveillance facultative de 5 à 10 ans ;

Art. 246. Évasion de prisonnier favorisée : surveillance facultative de 5 à 10 ans ;

Art. 271. Vagabondage : surveillance obligatoire de 5 à 10 ans ;

Art. 282. Mendicité : surveillance de même nature et de même durée que pour le vagabondage ;

Art. 308. Menaces : surveillance facultative de 5 à 10 ans ;

Art. 315. Fabrication et port d'armes prohibées : surveillance facultative de 2 à 10 ans ;

Art. 317. Administration à autrui de substances nuisibles ayant occasionné une maladie : surveillance semblable à celle de l'art. 315 ;

Art. 326. Castration avec excuses : surveillance facultative de 5 à 10 ans ;

Art. 335. Attentats aux mœurs : surveillance facultative de 2 à 5 ans ;

Art. 343. Séquestration illégale : surveillance facultative de 5 à 10 ans ;

Art. 388. Vol dans les champs : surveillance semblable à celle de l'art. 343 ;

Art. 401. Vols simples, larcins, filouteries : surveillance pareille ;

Art. 415-416. Coalitions d'ouvriers : surveillance facultative de 2 à 5 ans ;

Art. 419, 420, 421. Violations des règlements relatifs au commerce : surveillance facultative de 2 à 5, et de 5 à 10 ans ;

Art. 444. Dévastation de récoltes sur pied : surveillance facultative de 5 à 10 ans ;

Art. 452. Empoisonnement d'animaux : surveillance facultative de 2 à 5 ans.

Il est bien entendu que ces articles, moins deux, formulent une peine principale, en outre de la surveillance.

Voilà cette longue nomenclature; tel est l'état actuel de la législation.

Si notre but était seulement de faire rétrécir le cercle dans lequel se meut la surveillance, l'étrange assimilation que le législateur paraît avoir voulu, par l'emploi commun de cette mesure, établir entre des délits essentiellement différents, non seulement par leur nature, mais par leur portée, par leurs conséquences, par le degré d'immoralité qu'ils impliquent, par les dangers qu'ils présentent, nous fournirait ample matière à critique : mais comme nos conclusions vont plus loin, nous n'aurons pas à nous occuper de ces détails.

Ici, s'arrête le narré que nous avions à faire des diverses phases par lesquelles a passé la surveillance jusqu'au moment présent.

Arrivons à la discussion.

Notre but est de prouver que la mise en surveillance, telle qu'elle est, doit être abolie. Pour faire cette preuve, nous allons essayer d'établir les cinq propositions suivantes :

1° La mise en surveillance n'est pas une peine;

2° Elle est inefficace;

3° Elle est démoralisatrice;

4° Elle est injuste dans son mode;

5° Elle est injustice dans son application.

Parcourons successivement ces divers points.

La mise en surveillance n'est pas une peine.

D'après certains criminalistes, le but de la peine c'est l'intimidation; d'après d'autres, c'est la réforme du condamné; d'après d'autres encore, c'est tout à la fois l'expiation du délit et l'intimidation. Pour être dans le vrai, disons avec Hélie-Chauveau et Dalloz que le but de la peine c'est le maintien de l'ordre, la protection du droit, et par l'intimidation que la peine inspire, et par l'expiation qu'elle réclame, et par la réforme qu'elle s'efforce d'opérer. Ce dernier élément, la réforme du condamné, n'a pas été puisé, nous devons le dire, dans la législation ancienne; avant 89, on ne s'occupait guère de la question de savoir si la peine amenderait le coupable. L'intimidation, l'exemple, l'expiation, voilà ce que l'on cherchait exclusivement; après çà, que le condamné sortît du bagne meilleur ou pire qu'à son entrée, c'était le moindre souci du législateur, des juges, du gouvernement; à un nouveau crime, un nouveau et plus rigoureux châtiment, et ainsi de suite, jusqu'à ce que la vie du criminel se fût usée aux barreaux ou que la potence l'eût arrêtée dans son cours. On n'y voyait pas plus loin, on ne sondait pas plus avant; l'humanité gémissait en silence, et la société semblait ne s'être jamais demandé si elle n'avait pas intérêt à moraliser le criminel ou si, du moins, ce n'était pas pour elle un devoir de tenter cette moralisation.

Mais, grâce aux progrès de la raison et des lumières, ces deux clefs qui ouvrent le cœur, il n'en est plus ainsi, et l'amendement du coupable entre aujourd'hui comme élément indispensable dans l'appréciation de l'utilité et de la légitimité des peines. La solution du problème à résoudre pour obtenir ce précieux résultat occupe, à l'heure qu'il est, les esprits les plus éminents et les philanthropes les plus dévoués.

Eh bien! la surveillance n'atteint aucun des buts de la peine : 1° elle n'inspire pas d'intimidation au public, puisqu'elle ne se manifeste à lui par aucun signe extérieur. Sous ce rapport, elle n'a pas même l'avantage qu'avaient la marque et l'exposition publique; on conçoit que la flétrissure publique par l'empreinte d'un fer rouge, que la présence sur une place du condamné, exposé pendant une heure aux regards du peuple, fussent un poignant spectacle fait pour intimider les pervers ; et pourtant, ces deux peines accessoires ont disparu ! 2° la surveillance n'est pas une expiation, mais une précaution ; 3° elle n'opère pas la réforme du coupable : les faits signalent le contraire. Nous établirons tout-à-l'heure ces deux derniers points.

S'il en est ainsi, si la surveillance n'atteint aucun des buts de la peine, elle ne saurait être considérée comme une peine, quoiqu'en dise la classification qui se trouve dans le Code.

Qu'est-ce donc, en réalité, que la surveillance ?

C'est une simple mesure de police, une mesure qui succède à la peine, une restriction qui pèse sur le coupable à la suite d'un châtiment ; elle n'est pas infligée comme expiation du crime commis, mais comme gage, comme garantie contre les crimes futurs ; elle est, à ce point de vue, préventive de sa nature et non répressive : ce qui exclut l'idée d'une peine. Supposons que par une intention, une prévision surhumaines, un tribunal pût acquérir, acquît la certitude qu'un condamné à une peine principale, pour un délit pouvant entraîner la surveillance, ne commettra désormais aucun crime, ni délit ; croit-on que, dans ce cas, ce tribunal songeât à soumettre cet homme à la surveillance ? Évidemment, non ; pas un seul juge n'opinerait pour elle, et pas une seule voix ne s'élèverait pour la réclamer ; mais cette certitude empêcherait-elle ce même tribunal de condamner ce même homme à la peine principale, à l'emprisonnement ? Non, certes ; et pourquoi ? parce que tout crime commis mérite son châtiment indépendamment de l'avenir, et que, si ce châtiment n'est plus nécessaire pour l'amendement du coupable, il l'est encore pour l'expiation, l'exemple et l'intimidation. Que prouve donc cette différence de solution, suivant qu'il s'agit ou de l'emprisonnement, ou de la surveillance ? Elle prouve que la surveillance n'est pas une peine : car, si elle en était une, les tribunaux y soumettraient le coupable, quelque connaissance certaine qu'ils pussent avoir de sa conduite ultérieure.

Sans doute, la surveillance n'est infligée que parce qu'un fait criminel a eu lieu, mais ce n'est pas pour réparation de ce crime; elle n'est pas, comme la peine, le remède actuel au mal présent. Qu'un homme soit frappé d'une attaque d'apoplexie sanguine, que fait le médecin? il pratique immédiatement une saignée; puis, cette attaque en faisant présager d'autres, il prescrit un régime sévère pour garantir des rechûtes, et il formule des prescriptions médicales préventives. Ce que le médecin fait pour le malade, le législateur le fait pour le coupable : il applique la peine au crime, et il prescrit ensuite le régime de la surveillance pour prévenir les cas de rechute. A quoi la peine est-elle corrélative? au crime; à quoi, la surveillance? à l'éventualité des méfaits futurs; elle n'est donc pas destinée à punir le crime commis, elle n'est donc pas une peine, mais un moyen inventé comme parachute, para-crime.

Que les personnes étrangères à l'étude du droit criminel, s'armant du Dictionnaire de l'Académie, nous disent qu'une peine, c'est une douleur, une souffrance, une affliction, et que la surveillance étant aussi une douleur, une souffrance, une affliction, la surveillance est une peine, nous le concevons; mais ce que nous comprenons moins facilement, c'est que des jurisconsultes puissent raisonner ainsi. Ou il faut jeter au vent les principes de législation criminelle consacrés par tous les siècles et tous les peuples, ou il faut reconnaître que la peine, au point de vue légal, n'est rien autre chose que le châtiment du méfait, et que la surveillance n'étant pas le châtiment du méfait, la règle ne permet pas de la qualifier du nom de peine. En langage grammatical, le mot *peine* est pris dans son acception la plus étendue : en langage de droit, il est pris dans un sens restreint et spécial. Voilà pourquoi un dictionnaire ne suffit pas pour expliquer la loi pénale. En d'autres termes, la surveillance est une peine d'après la grammaire, parce qu'elle est une souffrance; mais elle n'est pas une peine d'après les principes, parce qu'elle n'est pas le châ-

timént infligé en expiation du crime commis. Voyez la détention préventive : c'est bien là une souffrance, une souffrance
très rigoureuse, et, pourtant, quel est le magistrat, quel est
l'avocat qui se hasarderait à affirmer que cette détention est
une peine ?

Le Code pénal lui-même s'est chargé, dans maintes occasions, de démontrer l'erreur de la classification énoncée dans
son art. 11.

Que dit l'art. 44 déjà cité ? Il dit que l'effet du renvoi sous
la surveillance sera de donner au gouvernement le droit de
déterminer certains lieux dans lesquels il sera interdit au condamné de paraître *après qu'il aura subi sa peine.* Si la surveillance commence après que la peine est subie, elle ne fait donc
pas partie de la peine, elle n'est donc pas elle-même une
peine, accessoire ou non, car autrement la loi, à moins d'une
grossière incorrection de langage, aurait dit : *après qu'il aura
subi la peine principale;* et non pas simplement : *sa peine.* Ce
qui prouve qu'il n'y a pas de faute grammaticale dans le texte,
ce sont les termes des art. 100, 108, 138, du même Code.

« 100. *Il ne sera prononcé aucune peine,* pour le fait de sé-
«dition, contre ceux qui........ se seront retirés au premier
« avertissement........ Néanmoins, *ils pourront être renvoyés*
« *pour cinq ans, ou au plus jusqu'à dix,* sous la surveillance
« spéciale de la haute police. »

« 108. *Seront exemptés des peines prononcées contre les au-*
« *teurs de complots.....* ceux qui...... Les coupables..... pour-
« ront *néanmoins être condamnés* à rester pour la vie ou à
« temps sous la surveillance spéciale de la haute police. »

« 138. Les personnes coupables des crimes mentionnés aux
« art. 132 et 133, *seront exemptes de peines, si.....* *Elles pour-*
« *ront néanmoins être mises pour la vie,* ou *à temps,* sous la
« surveillance de la haute police. »

Si l'on ne veut pas faire affront à la logique la plus ordinaire, il faut bien reconnaître que ces trois articles formulent,
de la façon la moins équivoque, la distinction entre la peine et

la surveillance. Si, d'après l'art. 100, on peut condamner à la surveillance sans qu'il soit prononcé *aucune peine ;* si, d'après les art. 108 et 138, *tout en exemptant des peines prononcées par la loi*, on a la faculté d'admettre la surveillance, bien évidemment le législateur reconnaît que la surveillance n'est pas une peine.

C'est aussi notre avis.

Plusieurs écrivains, nous le savons, ayant eu à dire quelques mots sur cette mesure, à l'occasion de la matière qui était l'objet principal de leurs investigations, ont émis un avis contraire au nôtre ; mais, quand nous avons recherché sur quels arguments ils appuyaient le leur, nous n'en avons pas trouvé d'autres que celui tiré de la qualification donnée par le Code pénal dans son art. 11. M. de Molènes, dans son traité pratique sur les fonctions du ministère public, se borne à une seule phrase ainsi conçue : « La surveillance est une peine ; « la loi ne le dirait pas, que l'évidence le dirait. » Nous avouons que, toute nue qu'elle soit, cette phrase, dans la bouche d'un auteur aussi estimé, et dont les écrits nous ont plus d'une fois fourni d'utiles enseignements, nous a effrayé ; nous avons regretté qu'il n'ait pas jugé nécessaire d'insister et de donner quelques-unes de ces excellentes raisons qui lui sont si familières ; il nous eût peut-être converti, et avec d'autant plus de facilité, que ses conclusions, quant à la surveillance, sont en tous points semblables aux nôtres, puisque, dans ce même ouvrage, nous avons lu ceci : « Quelque jour « on supprimera la surveillance, non-seulement comme inu- « tile, mais comme inhumaine et dangereuse. »

Notre opinion que la surveillance n'est pas une peine, est, du reste, celle de deux criminalistes distingués, MM. Hélie et Chauveau, dans leur théorie du Code pénal.

M. le procureur général Dupin était bien près de cette opinion, lorsque, le 2 janvier 1836, dans l'affaire Raspail, il s'exprimait ainsi devant la Cour de cassation : « .... Le crime « passé est expié, la surveillance a lieu pour garantie des cri-

« mes à venir....; elle est véritablement un droit de sûreté
« sociale, de garantie commune, donné au gouvernement....;
« elle est moins une répression pour le passé qu'une précau-
« tion pour l'avenir. »

Jusque-là, c'est bien notre pensée; nous ne disons pas autre
chose, seulement nous concluerions de ces paroles que la surveillance n'est pas une peine. Pourquoi faut-il que, dans ce
même réquisitoire, l'honorable et illustre procureur général
lui donne pourtant cette qualification? Il dit que c'est une
peine particulière, exorbitante du droit commun, une peine,
non de répression, mais de prévention. Ici, nous ne comprenons
plus : une peine de prévention, non de répression! cela boul-
everse toutes nos idées; nous avions toujours compris le châtiment comme effet, comme conséquence du crime, et, par
voie de suite, le crime comme précurseur de la peine; se-
rions-nous dans l'erreur? Il y a, certes, de quoi se faire en
tremblant cette question, nonobstant les notions puisées dans
les livres, et le cri de sa raison, quand la grave, puissante,
solennelle parole de M. Dupin se fait entendre et vous con-
tredit.

Afin de nous rassurer, nous avons besoin de nous remettre
en mémoire la vénération profonde, proverbiale, de cet éminent magistrat pour la loi, vénération que nous lui rendons
si volontiers à lui-même. Il dit d'elle ce qu'on disait jadis de
la femme de César, il ne veut pas qu'on la soupçonne; il
ferait pour elle ce qu'un des fils de Noé fit pour son père : il
la couvrirait de son manteau si sa nudité pouvait la faire
déchoir; il la couvrirait de son corps si jamais elle devait
périr. Avec ces données, on s'explique comment, dans la
circonstance que nous venons de narrer, il s'est interdit de
la critiquer; chargé par ses hautes fonctions de ramener à
l'observance du texte légal les tribunaux qui s'en écartent,
il a pensé, sans doute, que ce n'était point à lui de relever
l'erreur de l'art. 11 du Code pénal, et il a mieux aimé man-
quer à la logique une fois en sa vie que de déflorer la répu-

2.

tation de la noble dame de ses pensées, en l'honneur de laquelle il a si vaillamment rompu tant de lances dans maints glorieux tournois.

Peut-être eussions-nous dû suivre cet exemple ; pourtant si personne ne dit mot, quand donc arriveront les réformes , les améliorations pénales reconnues utiles, urgentes ? Nous ne sommes pas d'ailleurs investi de la noble mission du chef du premier parquet de France, et puis nous sommes tellement petit qu'on ne nous croira pas sur parole ; si notre argumentation est mauvaise, on passera outre, et point de danger ; si elle est bonne, alors, qui sait ? Il faut quelquefois si peu pour opérer beaucoup avec un point d'appui solide le plus mince levier soulève de si lourds fardeaux ! En attendant le résultat de cette expérience, nous en appelons de M. Dupin , procureur-général , à M. Dupin législateur , et, tout en persistant, nous nous réfugions sous l'abri de l'exposé des motifs présentés au Corps législatif par les orateurs chargés de soutenir le projet de loi de 1810 ; qu'on veuille bien lire cet exposé, et l'on se convaincra tout d'abord que ce fut uniquement comme mesure de police avec desti. ation préventive, et non comme peine, que la surveillance fut proposée.

Oui, nous le maintenons, ce n'est qu'une mesure de police ; et quand on songe à l'ombrageuse susceptibilité de l'Empire dans tout ce qui avait trait à la police, on parvient a s'expliquer facilement le crescendo des rigueurs de la mise en surveillance de l'an 13 à 1810, crescendo dont nous avons parlé naguère, et dont nous avions promis l'explication.

En l'an 13, au début de l'Empire, une foule de forçats libérés qui, pendant la terreur, s'étaient abattus sur la capitale, et avaient pris part aux orgies de l'époque, menaçaient encore la tranquillité publique La police révolutionnaire, si prompte à flairer les suspects politiques, ne s'était guère enquise, durant nos troubles, des suspects judiciaires autrement que pour se servir d'eux le cas échéant, et pour les employer à des œuvres ténébreuses. Mais quand le nouveau chef de l'Etat apparut à l'horizon, il comprit vite et bien qu'il était urgent de rétablir l'ordre qui avait disparu dans la tourmente, et qu'il retira des décombres; pour y parvenir, dans un moment aussi critique, pour nettoyer surtout cette capitale infestée par tant de bandits, si faciles à recruter au profit des conspirations, conspirations dont plusieurs avaient déjà éclaté, il importait de recourir à de sévères et rigoureuses mesures. L'expérience sanglante qui venait d'être faite pour l'extension des libertés publiques avait répandu un effroi général; nous qui nous trouvons déjà loin de 93, nous sommes plus rassurés; mais, en l'an 13, il n'y avait pas longtemps que le dernier coup de hache avait retenti; le sol tremblait encore, et l'on réclamait ardemment le retour à l'ordre sans trop s'inquiéter si ce retour exigerait le sacrifice ou le sursis de quelques libertés. L'heure n'était donc pas propice aux idées philanthropiques; l'horreur des crimes commis au nom de la politique avait assombri encore la teinte des crimes ordinaires, de sorte que ni l'intérêt, ni la compassion ne s'arrêtaient guère sur les condamnés *civils;* on gardait l'un et l'autre pour les misères publiques qui étaient grandes, et qui en avaient bien besoin, pour les honnêtes familles qui pleuraient leurs membres absents, qui s'affligeaient de la perte de leur fortune, et qui frissonnaient au rappel de leurs récents souvenirs. Il fallait, avant tout, rassurer la partie saine et probe de la population; le temps devait se charger du reste.

Ce fut dans ces circonstances exceptionnelles que parurent les décrets de l'an 13 et de 1806.

Plus tard, les guerres continuelles qu'il fallut soutenir, les travaux, les difficultés, les embarras, les craintes qu'elles occasionnèrent, l'absence forcée du géant occupé à arborer le drapeau tricolore sur cent capitales; tout cela ne permettait guère de songer à l'adoucissement des rigueurs de la législation pénale; les dangers de l'Etat, qui commençaient à poindre, parurent exiger, au contraire, qu'on renforçât l'ordre intérieur, et comme la sévérité semblait alors le moyen le plus efficace, de là vint la loi de 1810, qu'on crut utile à ces fins.

Revenons... Si nous avons recherché le véritable caractère de la surveillance, c'est parce que cela était indispensable pour l'examen et la solution des propositions que nous avons à justifier; mais, dès à présent, nous pouvons dire que la surveillance n'étant qu'une mesure de police, devrait, par ce motif seul, disparaître du Code pénal; sa place n'est pas là, parce que autre chose est la justice, autre chose est la police; parce qu'un juge n'est ni un commissaire, ni un maire; parce que les juges sont institués pour appliquer des peines, et non pour prendre des arrêtés de police; parce que la dignité de leurs fonctions n'a qu'à perdre à remplir ce dernier rôle; parce que les mesures de police entraînent avec elles des moyens étroits, mesquins, tracassiers, quelquefois un peu arbitraires, et que tout cela dépare nos lois criminelles qui, dans leur sévérité même, doivent garder une empreinte majestueuse et digne sous peine de ne plus commander le respect. Ce serait bien vainement que l'on plaiderait que les voies d'exécution appartiennent, d'une manière exclusive, à la police, qui, dès lors, doit seule en répondre; car il est de toute évidence que le magistrat qui condamne autorise par cela même l'emploi des moyens nécessaires à la mise à exécution de sa sentence.

Mais il y a des motifs bien autrement graves, bien autrement puissants, pour que la mise en surveillance, non-seulement soit retranchée du Code pénal, mais soit radicalement abolie, et ceci nous amène à notre deuxième proposition.

La mise en surveillance est inefficace.

Toute peine, tout châtiment, toute mulctation, toute restriction, toute gêne, toute prescription de la loi qui est inutile doit disparaître. Ce principe incontestable peut trouver ici son application. Le but principal de la mise en surveillance est d'empêcher de nouveaux méfaits soit par les difficultés qu'elle crée, soit par la crainte qu'elle doit inspirer : or , de fait, ce but n'est pas atteint. Pour s'en convaincre en bloc, on n'a qu'à consulter les comptes rendus annuels de la justice criminelle ; le chiffre énorme des récidivistes après surveillance amènera la conviction. Il est vrai pourtant qu'on pourrait soutenir que le grand nombre des récidives ne fait pas preuve complète de l'assertion, attendu que rien n'établit que ce nombre ne serait pas plus considérable sans la surveillance : mais d'abord, cela atteste toujours, du moins, l'inefficacité de la mesure dans une infinité de cas, et c'est déjà un assez fort argument contre elle ; et puis, nous allons présenter quelques observations de détail qui compléteront la preuve.

Un mot, en premier lieu, sur les difficultés créées :

Si vigilant que l'on suppose l'œil de la police, il ne faut pas aller jusqu'à croire qu'il soit vingt-quatre heures par jour fixé sur le libéré ; les agents ne veillent pas sans interruption sur ses démarches, ne sont pas continuellement attachés à ses pas comme l'ombre au corps ; non, cela n'est pas possible, cela n'est pas ; ils ont trop d'occupations diverses pour pouvoir borner leur service à cette spécialité. Leur vigilance est, en quelque sorte, rétrospective ; elle ne s'exerce ordinairement qu'après coup. Lorsqu'un crime récent arrive à leur connaissance , alors seulement ils songent à se mettre en quête du surveillé pour l'interroger sur l'emploi de son temps ; voilà tout. Il en serait autrement dans un cas spécial : si, par exemple, la police a été prévenue par des renseignements sérieux d'un projet criminel avec indication du jour, de l'heure, du lieu... oh ! elle prendra ses mesures en conséquence, et, par une surveillance active, elle pourra bien empêcher l'exécution du projet. Mais il n'en est plus de même lorsqu'il s'agit d'exercer une surveillance générale, sans point fixe, éventuelle, sans objet précis désigné, sans indication formelle ; la police ignore le plus souvent les desseins de cette nature que le mal-intentionné se garde bien de publier et même de laisser entrevoir; et dès lors, nul point de mire à l'œil des agents, de sorte que la surveillance flotte au hasard, comme un vaisseau sans boussole. Supposons que le surveillé ait l'intention d'une soustraction frauduleuse : cet homme n'est pas contraint de voler à un moment préfix, il peut le faire ici ou là, à la ville ou aux champs, à une heure quelconque du jour ou de la nuit, à un jour quelconque de la semaine, à une semaine quelconque du mois; comment donc la police pourrait-elle empêcher l'exécution de ce crime? Le libéré veut-il commettre un faux, il agira à l'instant qu'il lui plaira de choisir, dans son domicile, et portes closes; que fera la police? Il en serait de même des autres crimes : où sont donc ces difficultés qui doivent les prévenir?

Quant à l'effet de la crainte, il est, en thèse générale, complétement nul; d'abord, par le motif même de l'inanité des difficultés que la surveillance suscite, et puis par cette raison-ci : ou le libéré est redevenu honnête et vertueux, et alors le recours à la crainte est inutile et tyrannique, ou il n'est pas converti, et comme la misère est la cause la plus commune des crimes, surtout parmi les surveillés qui trouvent si difficilement à vivre, la misère venant avec ses exigences, la crainte n'arrêtera pas parce qu'il y aura force majeure, l'honneur ne retenant plus. Bien plus encore, cette crainte même pourra faciliter l'impunité, car le libéré qui songe à devenir récidiviste, mais qui appréhende les regards parce qu'il sait ou croit qu'il est surveillé, s'entoure de plus grandes précautions, ourdit son plan avec plus de circonspection, de mystère et d'adresse, et a, ainsi, plus de chances d'échapper aux poursuites.

Donc, en général, ni par les difficultés, ni par la crainte, la surveillance n'est un obstacle; elle ne prévient pas les crimes; son but principal est donc manqué; elle est donc inefficace.

Néanmoins, pour être, à tous égards, logique et vrai, nous

devons dire quelques mots sur un point favorable à cette mesure; si le but principal de la surveillance est préventif, il faut reconnaître qu'elle en a un autre, but secondaire, mais qui n'en a pas moins son importance; ce but secondaire, c'est d'aider à la répression, en facilitant, après la perpétration du crime, la découverte du coupable, si ce coupable est un surveillé. Au premier avis donné à la police de l'éclosion d'un méfait, elle se transporte au domicile des libérés résidants, procède à une perquisition, fouille les meubles, les vêtements. saisit, au besoin, les papiers, les armes, les objets suspects, interroge les libérés, exige d'eux des détails, les somme de faire connaître l'emploi de leur temps, avant, pendant et après le crime, leur fait préciser les heures, désigner les personnes qui peuvent renseigner sur leurs dires, se livre enfin à des investigations minutieuses qui sont de nature à faire jaillir la vérité.

Si donc le coupable se trouve parmi eux, il est incontestable que la mise en surveillance, par cela même qu'elle fait connaître à l'autorité les suspects, facilite les recherches et leur succès. Ici donc l'inefficacité s'efface, l'utilité est patente; mais à quel prix? à un prix tellement exagéré, comme il sera ultérieurement établi, que cette utilité, non préventive, mais purement répressive, ne saurait justifier sa cause efficiente.

Nous bornons là nos observations directes sur l'inefficacité de la surveillance, parce que nous allons examiner son action démoralisatrice, et qu'il se présentera, sur ce thème, des arguments qui démontreront, de plus fort, son résultat négatif en tant que ressource préventive, comme on prouve le moins en prouvant le plus.

La mise en surveillance est démoralisatrice.

Six mois avant l'époque de sa libération, tout forçat est amené au bureau des chiourmes. On lui donne lecture des art. 44, 45, 47 du Code pénal; on lui notifie les résidences interdites aux libérés, et on le requiert de faire connaître la commune qu'il a l'intention d'habiter, en le prévenant que son option est subordonnée à la décision du ministre de l'intérieur. On exige qu'il énumère les motifs qui déterminent son choix, les liens de famille ou les moyens d'existence qu'il espère trouver dans cette résidence, et lorsque cette résidence n'est ni le lieu de sa naissance, ni celui de son domicile avant sa condamnation, les noms, professions et demeures des habitants dont il croit pouvoir se réclamer. S'il désigne l'un des lieux interdits, il éprouve un refus et doit en désigner un autre.

Des formalités à peu près semblables s'accomplissent, en pareille occasion, dans les maisons centrales et dans les prisons correctionnelles.

Enfin, le choix du libéré fait et approuvé, on lui délivre un passeport servant de feuille de route, indiquant le lieu de la résidence et portant au dos un itinéraire dont il ne peut s'écarter. Sur le frontispice de ce passeport apparaissent, selon la nature des condamnations, la lettre C s'il s'agit d'un individu condamné à la surveillance par les tribunaux correctionnels ; la lettre R, s'il s'agit d'un réclusionnaire, et la lettre F, s'il s'agit d'un forçat : signe de réprobation, empreinte de déshonneur, cachet d'infamie, flétrissure plus funeste dans ses effets que l'application du fer rouge, et qui fait un Caïn de chaque surveillé.

Suivons-le à sa résidence.... A peine arrivé, il faut qu'il courre à la police pour y faire l'exhibition de ses papiers ; après maintes investigations, maint interrogatoire, on l'inscrit sur le registre des suspects. Alors surgissent à son encontre des exigences plus ou moins sévères, selon le caractère des chefs, des employés de l'administration. Ici, on contraint le surveillé à se rendre, à jours indiqués, dans les bureaux afin qu'on puisse constater sa présence dans la commune, formalité en usage sous l'empire de la loi de 1810, mais contraire à la saine interprétation de la loi actuelle, et aux instructions ministérielles qui, loin d'exiger, d'autoriser rien de semblable, défendent toute mesure vexatoire, de nature à donner de la publicité au fait de la surveillance, et n'astreignent enfin le surveillé qu'à une seule chose, à faire sa déclaration lorsqu'il veut changer de résidence. Ailleurs, d'autres mesures restrictives, tout aussi illégales, sont prises pour entraver sa liberté, ou pour appeler sur lui l'attention publique; de telle sorte qu'aucune règle fixe ne préside aux décisions et aux rigueurs administratives, que les inconvénients auxquels le législateur de 1832 avait voulu remédier n'ont pas cessé d'exister, et qu'aujourd'hui encore, comme sous le Code de 1810, la position du surveillé est intolérable.

Ce n'est pas tout que d'être arrivé, et d'avoir pris rang sur le fatal registre, il faut vivre, et pour vivre il faut travailler, et pour travailler il faut trouver de l'ouvrage; c'est ici que de douloureuses tribulations commencent pour le condamné. Il est rare qu'il choisisse pour résidence son pays natal ; un instinctif sentiment de pudeur l'éloigne des lieux où il a passé sa vie; il rougirait là plus qu'ailleurs, parce qu'il y a laissé des camarades, des amis, des parents qui l'ont connu honnête et pur, et qu'il comprend que sa chute a dû y produire une sensation plus profonde, et briser les liens d'estime et d'affection qui les rattachaient à lui ; parce qu'enfin, il n'ignore pas que sa présence, ravivant dans l'esprit de ses concitoyens le souvenir de sa faute, déverserait chaque jour sur sa famille la honte de son châtiment. Il choisit donc le plus souvent une localité étrangère; mais alors, fréquemment, qu'arrive-t-il ? Les personnes auxquelles il s'adresse pour être employé, et qui ne le connaissent pas, lui demandent l'exhibition de ses papiers; comment faire? s'il ne les montre pas, il éprouvera, à coup sûr, un refus ; car le défaut de papiers rend un inconnu, un étranger, à bon droit, suspect; s'il les montre, la vue de l'itinéraire tracé sur le passeport, celle de la fatale majuscule, signe aujourd'hui connu presque partout, dévoilent sa position et sa supplique est repoussée, et le travail lui est refusé, parce qu'on ne se soucie pas d'avoir à son service un homme qui a eu de fâcheux démêlés avec la justice, et qui sort, ou du bagne, ou d'une maison de réclusion, ou même d'une prison correctionnelle ; on craint d'ailleurs de devenir responsable devant les tribunaux de tout nouveau méfait qu'il pourrait commettre étant ouvrier ou domestique.

S'il s'adresse à un maître illettré, qui ne comprenne pas la signification de la feuille de route, et qui ne songe pas à la faire examiner par un tiers, il pourra bien trouver là du travail pendant quelques jours ; mais bientôt les visites de la police à son logement pour s'assurer de sa présence, ou pour l'interroger lorsqu'un crime vient de se commettre dans la commune, les propos des agents qui ne se gênent guère pour le désigner, et révéler son état de suspicion s'il paraît dans les rues, sur les places, dans les lieux publics, les cancans des voisins charitables qui ont recueilli ces propos, mille circonstances enfin, font que la vérité parvient promptement aux oreilles du patron qui chasse impitoyablement le malheureux. Le voilà donc sur le pavé ! Que devenir ? Essaiera-t-il ailleurs ? mais ailleurs mêmes inconvénients, mêmes déboires, mêmes déceptions, mêmes refus, même expulsion ; donc plus de chances, plus de ressources, plus de travail ; rien, plus rien que la misère, la faim ou le crime ; et pourtant il lui faut du pain, et du pain chaque jour à cet homme ; ce besoin ne se renvoie pas !

Dans cette affreuse position, qu'il s'agisse d'un surveillé que les rigueurs de la peine n'ont pas amendé, ou d'un surveillé converti, le résultat sera forcément le même ; ils reviendront l'un et l'autre au délit, au crime, à la mendicité, au vol, lorsque l'aiguillon de la faim se fera sentir, harcelant les bonnes comme les mauvaises dispositions ; et ils y reviendront avec ce désespoir courroucé de malheureux maudissant l'injustice de la société et des lois qui, après l'expiration de leur peine, continuent le châtiment par des mesures, dont l'inévitable conséquence est de les pousser à de nouveaux méfaits au lieu de leur faciliter le retour à l'honneur ; déplorable disposition d'esprit qui les perdra pour toujours, en leur enlevant même la moralité du remords ! N'est-ce donc pas là une fin effrayante et totalement contraire au but vers lequel doivent tendre le législateur et le gouvernement ? N'est-il pas désolant surtout de songer que celui qui aura fait de louables et incessants efforts pour anéantir ses inclinations vicieuses, qui aura courageusement résolu de rompre, sans retour, avec son passé, qui se sera enfin redressé de toute la hauteur d'une régénération péniblement conquise par les labeurs du repentir, se trouvera, nonobstant, contraint par l'ordre souverain de la loi, de retomber, quoiqu'il fasse, dans l'égoût criminel, à moins qu'il ne préfère en finir avec la vie : l'infamie ou le suicide, c'est-à-dire deux infamies, deux gouffres, deux crimes ! Voilà l'alternative qu'on lui fait et le choix qui lui reste. Ah ! si c'est là ce qu'on appelle justice, qu'appellera-t-on iniquité ? Si telle est la fin des prescriptions légales, qui ne sera tenté de s'insurger contre elles, et si les vices de la législation prêtent appui aux penchants pervers de l'homme et les développent... où la société ira-t-elle ?

Le surveillé privé de travail tend-il la main, délit de mendicité, procès-verbal de police ou de gendarmerie, arrestation, détention préventive de quinze jours, un mois, plus ou moins, jugement, condamnation, peine d'un mois à 2 ans d'emprisonnement et surveillance de 5 à 10 ans. La honte de l'aumône est-elle assez forte pour le retenir avant que l'urgence de ses besoins soit devenue tout-à-fait impérieuse, il abandonne sa résidence sans prévenir l'autorité, car il faut qu'on ignore le lieu où il va se rendre pour qu'il n'y soit pas signalé d'avance comme délinquant, et qu'il puisse essayer, à l'abri de cet incognito, de trouver vie et travail dans ce nouvel asile. Mais les agents de police, mais les gendarmes, si habiles à dépister tout ce qui a odeur de vagabondage, ne tardent pas à accoster le fugitif, et à lui demander *ses papiers* ;

s'il a son passeport et s'il l'exhibe, on y voit qu'il est placé sous la surveillance dans un lieu autre que celui où il se trouve, que, par conséquent, il a rompu son ban puisqu'il ne présente pas de nouvelle feuille de route indiquant sa nouvelle résidence : délit, arrestation, détention préventive, instruction, jugement, condamnation, peine qui peut aller jusqu'à cinq ans d'emprisonnement : cinq ans d'emprisonnement pour un délit non moral, purement matériel, qui ne révèle pas dans le délinquant une perversité plus grande qu'à l'époque de sa précédente condamnation, qui existe indépendamment de toute intention criminelle, par le seul fait de l'infraction aux règles prescrites par l'art. 44 ! !

Le surveillé n'a-t-il pas son passeport, ou dit-il ne point en avoir, tout en déclinant son nom et son ancien domicile : un étranger sans papiers est suspect de vagabondage ; arrestation, détention préventive, instruction ; le parquet, qui s'est enquis auprès des autorités du domicile indiqué, apprenant que l'inculpé est sous la surveillance, convertit en délit de rupture de ban la prévention de vagabondage, ou, selon les cas, requiert contre les deux délits : jugement et condamnation comme dessus.

Si, sans présenter son passeport, il refuse de décliner son nom, ou donne un faux nom, un faux domicile, afin de cacher sa condamnation antérieure, les recherches du ministère public restant sans résultat, les autorités du faux domicile déclarant que l'allégation est mensongère, le surveillé ne justifiant ni d'un domicile certain, ni d'une profession, ni de moyens d'existence : vagabondage ; jugement, condamnation, peine de 3 à 6 mois d'emprisonnement, et surveillance de droit pendant 5 ans au moins et dix ans au plus.

Voilà bien des misères, bien des châtiments ; et toutes ces misères, tous ces châtiments, parce que le malheureux surveillé a cherché à effacer la trace de sa surveillance dans le but de pouvoir trouver du pain ! En prison, au bagne, sa nourriture, du moins, était assurée ; il n'avait pas besoin de s'en inquiéter. L'État comprenait qu'il la lui devait, puisqu'il l'avait enlevé à ses travaux; pourquoi ne la lui devrait-il pas pendant la durée de la surveillance, si cette surveillance paralyse en ses mains la ressource du travail? Ne serait-il pas bien qu'il en fût ainsi, et qu'aussitôt que le surveillé chôme malgré ses démarches, et sans qu'il y ait de sa faute, le gouvernement vînt à son aide, soit en l'employant à certains travaux publics, soit en lui en procurant d'autres, soit, les travaux manquant, en lui fournissant directement du pain, sauf à prendre telles précautions que de droit contre la paresse? C'est ce que dit l'humanité, c'est ce que dit la justice; et, alors, il y aura moins de vagabondage, de mendicité, de ruptures de ban, de vols, de crimes, et ce sera profit et bénéfice pour la société, et, alors enfin, la sévérité de la mesure trouvera une excuse dans cette compensation.

Nous qui traçons ces lignes, nous avons pu, dans l'exercice de nos fonctions, nous assurer de l'effroi qu'inspire la surveillance. Il nous souvient notamment qu'étant membre du parquet d'un tribunal de chef-lieu dans un des départements du centre de la France, et siégeant dans des affaires d'appel correctionnel, nous avons entendu plusieurs fois l'inculpé, à qui le président faisait observer qu'il était étonnant qu'il eût appelé d'un jugement qui le condamnait à une peine principale minime, à laquelle cinq ans de surveillance étaient joints; nous avons entendu, disons-nous, l'inculpé répondre qu'il n'avait pas fait appel pour qu'on diminuât la peine de l'emprisonnement, qu'on pouvait même l'augmenter de plusieurs mois, si on le jugeait convenable, mais qu'il suppliait qu'on le débarrassât de la surveillance qui l'empêcherait de trouver du travail après sa libération. Plus tard, chargé de l'instruction comme juge dans un autre tribunal, nous avons eu connaissance d'autres faits à l'appui, et nous en sommes encore journellement témoin : ainsi, des condamnés à la surveillance, arrêtés à défaut d'exhibition de papiers, sont amenés devant nous; nous les interrogeons. Ils disent avoir perdu leur passeport; on les conduit à la maison d'arrêt, on les y écroue; ils y restent huit jours, quinze jours, un mois, et ce n'est qu'au bout de ce temps de détention préventive que, fatigués du séjour de la prison, ils se décident à représenter le fameux passeport révélateur de la surveillance, passeport resté caché dans la doublure de leurs vêtements ou déposé en mains tierces; et pourtant, leur résidence était fixée dans le lieu même où nous les interrogions, de sorte qu'ils n'avaient pas à craindre d'être poursuivis pour rupture de ban.

Nous en avons vu d'autres encore plus tenaces, et qui, se taisant d'abord sur tout, ne confessaient la surveillance qu'après deux ou trois mois de verroux, et seulement sur le vû d'extraits d'arrêts ou de jugements les concernant, et découverts à grand'peine par le ministère public, dont ils avaient tenu longtemps la perspicacité en échec.

Nous en avons vu d'autres, enfin, et ceci est bien grave, qui, dans le but d'échapper aux tortures actuelles de la surveillance, cachant et leurs noms, et leur domicile et leur passeport, se laissaient condamner, sous un faux nom, comme vagabonds, par le tribunal même de leur résidence.

Et si vous eussiez interpellé tous ces gens là sur leur silence ou leurs mensonges, ils vous auraient déclaré qu'ils préféraient la prison, où ils étaient nourris, à la liberté avec la surveillance, qui les exposait à la faim.

Ce langage n'est certes pas très moral; cette indifférence, ou plutôt cette préférence pour l'emprisonnement, ne révèle pas des sentiments bien louables, mais cela prouve ce que nous avancions, la terreur que la surveillance jette dans l'âme de ceux qui y sont soumis. Par le temps où nous sommes, aujourd'hui que la démoralisation court les rues et les grands chemins, les palais et les chaumières, les tapis-francs souillés de vin, et les salons ruisselant d'or, que de la base au sommet, du sommet à la base, la lie monte et descend avec une incessante et délétère fermentation, on ne doit pas s'étonner si la honte des verroux s'efface comme l'empreinte d'une monnaie vieillie, et si le condamné s'enquiert moins de la brèche que la prison fait à son honneur que de celle que la surveillance peut faire à sa ration.

Quoi qu'il en soit, hâtons-nous de dire que l'on aurait grand tort de s'emparer des faits que nous venons de révéler pour en conclure que cette répulsion, quant à la surveillance, doit avoir un résultat utile : on se tromperait étrangement. Nous l'avons déjà démontré, c'est une crainte qui fait souffrir, mais sans améliorer, sans fin préventive, sans appareil public pour l'exemple, par conséquent sans profit social. Elle constate seulement un fait grave : la sévérité outrée de la loi, sinon dans son principe, du moins dans son mode ; outrée, disons-nous, puisque son seul point d'appui repose sur un danger à venir, danger qui, pouvant ne jamais arriver à l'état de réalisation, ne nuit pas actuellement à la société, et ne saurait, logiquement parlant, justifier ses rigueurs actuelles.

Ce serait, d'ailleurs, une bien mauvaise manière de raisonner que de chercher à justifier la surveillance par la crainte qu'elle inspire. La roue, le feu, les tenailles ardentes, le fer rouge perforant la langue, la question, le carcan, la marque, étaient bien, certes, des supplices faits pour inspirer la terreur ; on les a pourtant abolis, et qui, la main sur le cœur et sur le front, oserait dire qu'on a mal fait ? Ce n'est donc pas tout que de terrifier, il faut auparavant s'assurer que le fait incriminé mérite la peine infligée ; penser autrement ce serait approuver l'emploi des plus barbares, des plus atroces châtiments. Nous insisterons plus tard sur cette importante observation ; ajoutons seulement ici qu'en dépeignant les rigueurs de la surveillance, notre dessein a été précisément de démontrer qu'elles étaient exorbitantes, que cet effet n'était nullement en rapport avec sa cause, et qu'enfin, cette exorbitance même entraînait la démoralisation. C'est à cela aussi qu'il faut attribuer la présence de tant de libérés dans la capitale ; là du moins, malgré la vigilance extrême de la police, ils ont des chances plus nombreuses d'échapper à ses investigations ; la population est si considérable, il y a tant de ruelles écartées, tant de passages déserts, tant de bouges, tant de repaires, tant d'abris, que l'œil des agents de la rue de Jérusalem s'égare lui-même dans ce vaste labyrinthe. Ainsi, liberté plus entière pour le libéré qui appréhende moins d'être reconnu et inquiété, et qui, d'ailleurs, y trouve de plus utiles ressources, et d'innombrables moyens de gagner sa vie. Mais c'est aussi là que les faibles tombent, que les malades se gangrènent, que le contact des grands coupables ébranle les nouveaux convertis, et recrute les douteux et les impénitents qui s'en vont grossir le personnel de ces redoutables associations de malfaiteurs dont les déprédations et les assassinats épouvantent périodiquement la grand'ville.

Ce mal serait moins grand si la surveillance en province était tolérable; qu'on la supprime, et les libérés pouvant alors travailler et vivre dans les départements n'iront pas plus à Paris après leur peine qu'ils n'y allaient avant leur condamnation.

Malgré ce que nous venons de dire dans cette deuxième partie de notre discussion, nous ne prétendons pas que toujours le travail manque aux libérés; il est, sans doute, des exceptions assez nombreuses; mais le pain qu'ils parviennent à se procurer n'en a pas moins son amertume. Lorsqu'on se décide à accueillir sciemment un libéré c'est d'ordinaire dans une pensée de lucre; on lui propose des conditions biens dures, des gages, un salaire bien exigus, parce qu'on sait que la difficulté de trouver une place ailleurs le rendra de bonne composition. En effet, il accepte à tous prix faute de choix, et il arrive que son labeur quotidien suffit à peine pour solder sa nourriture, de sorte qu'il ne lui reste rien pour son entretien, pour le renouvellement de son linge et de ses vêtements.

Ce n'est pas tout : si le découragement s'empare de lui, s'il laisse apercevoir un peu de négligence dans l'accomplissement de sa tâche journalière, les reproches pleuvent sur lui, et, parmi ces reproches, ne manque pas de se rencontrer une allusion méchante à sa condamnation, à sa surveillance; puis vient la menace d'une expulsion, et le malheureux doit boire le calice sans murmure, sans plainte, attendu qu'il ne sait où aller, où être reçu.

Et non-seulement c'est son maître qui le réprimande, qui le mortifie de cette manière, mais ce langage devient aussi celui des camarades qu'il fréquente. A la moindre discussion, à la plus futile dispute, on lui jette à la face, sans pitié, la déshonorante épithète de surveillé, et le malheureux est contraint de baisser la tête sous le poids du sarcasme et du mépris. Il en est ainsi aujourd'hui encore tout comme cela avait lieu sous la loi de 1810. Le mode actuel de surveillance engendre la publicité ainsi que l'ancien, et la publicité engendre toutes les tortures du surveillé, tortures qui, lorsqu'elles se prolongent, par une deuxième condamnation, par exemple, affaiblissent à tel point son moral que tout ressort se brise en lui; tout châtiment ultérieur le trouve insensible; il ne songe plus ni à se défendre, ni à s'excuser; il n'a que faire d'indulgence ou de sévérité; qu'on le replonge dans les cachots, qu'on le ramène au bagne, peu lui importe; il n'a plus ni volonté, ni énergie, ni désirs, ni espoir, ni crainte. Même après sa peine il était encore une homme, la surveillance en a fait un crétin.

La mise en surveillance est injuste dans son mode.

Lorsqu'un criminel a failli, il devient le débiteur de la société qui le condamne au paiement : ce paiement, c'est la peine; donc quand la peine est subie, la dette est payée. L'ouverture de la prison ou du bagne est la quittance délivrée au condamné par la société, qui cesse dès lors d'être sa créancière; le criminel libéré peut bien laisser son honneur sous les verroux, mais il emporte, il doit emporter, du moins, sa liberté entière; voilà le droit commun, voilà le principe général admis dans toutes les législations. Pourquoi donc, dans certains

cas, et de par la loi française malencontreusement exception-
nelle, le libéré traîne-t-il encore après lui ce bout de chaîne
qu'on appelle surveillance, et qui entrave tant sa marche?
Parce que, dit-on, à l'égard de quelques coupables plus dangereux que les autres, la société a besoin de prendre des précautions ; elle a intérêt à les surveiller, même après l'expiration de leur peine, afin de tâcher, de prévenir d'autres méfaits. Très bien, oui, très bien, si ces précautions, si cette
surveillance ne portent atteinte ni au repos, ni aux ressources, ni à la liberté, ni au présent, ni à l'avenir des libérés ;
veiller au maintien de l'ordre par tous les expédients que la
sagesse indique est un impérieux devoir pour l'autorité ; la
société a le droit, dans de justes limites, de se prémunir contre des attaques éventuelles, et de chercher à sauvegarder
l'avenir après la sortie de prison : cela se conçoit, cela est
légitime, et, pour notre part, s'il était possible de trouver
quelques mesures préservatrices qui fussent utiles à l'ordre,
sans nuire à celui qui en serait l'objet, nous les approuverions
sans hésiter ; personne ne professe pour l'ordre une plus sincère estime que nous ; nous le croyons indispensable à la
prospérité, au salut de la patrie, et les événements nous ont
toujours trouvé prêt à faire, pour le défendre, tous les sacrifices
que l'on pouvait attendre d'un citoyen dévoué ; aussi n'est-ce
pas précisément le principe de la surveillance que nous con-
testons.

Mais il ne faut pas se faire illusion : si la théorie d'une justice préventive efficace, par des moyens de police innocents,
est une théorie qui plaît d'instinct, qu'on accueille avec em-
pressement, qu'on médite avec ardeur, il n'en est pas moins
vrai que quand on arrive à vouloir en réaliser la mise en pratique on ne tarde pas à se heurter contre un problème insoluble et à rencontrer devant soi la barrière sacrée de la liberté individuelle, qu'il faudrait, mais que l'on ne doit pas
franchir.

De deux choses l'une : ou la surveillance ne portera pas

préjudice au surveillé, mais alors elle sera inefficace, parce que s'il n'est pas gêné dans sa liberté, il en fera tel mauvais usage que bon lui semblera ; ou bien, efficace ou non, la surveillance lui portera préjudice, mais alors elle sera injuste, car la justice ne veut pas que l'on châtie, que l'on fasse souffrir par avance et pour des délits encore au néant. Voilà, du moins jusqu'à la découverte d'un nouveau mode, l'alternative à subir, et c'est ce à quoi jusqu'à présent on paraît n'avoir pas fait suffisamment attention. Une fois admis le principe de la légitimité de la surveillance, on s'est peu occupé de la légitimité des voies qui pouvaient conduire à l'exécution. Qui veut la fin veut les moyens, s'est-on dit, et là-dessus on a organisé le système que nous combattons, sans s'enquérir de la portée du dilemme que nous venons de poser. Ne faisons pas ainsi : reconnaissons que le désir de préserver ne doit pas dégénérer en oppression, que, sous le prétexte d'obtenir l'avortement de crimes, souvent imaginaires, il ne faut pas empoisonner la vie de malheureux qui sont peut-être revenus au bien, et disons que la surveillance, organisée comme elle l'est, nuisant énormément aux libérés, doit être abolie comme injuste, et qu'il y a lieu de les laisser soumis tout simplement à la surveillance générale qu'exerce la police sur tous les citoyens, sauf à y joindre tels renseignements bureaucratiques et judiciaires que de droit, à transmettre surtout aux grands centres pour l'exploration des récidives.

Tout bien considéré, la société n'a qu'une seule ressource : la moralisation. Moraliser les masses par d'austères enseignements, par de bonnes lois, qui améliorent progressivement leur position précaire, diminuent leurs chances de ruine, et décorent d'un peu de bien-être ces cabanes, ces échoppes, dont les murs lézardés suintent de misère, et où la pauvreté tremble de froid et faim ; tout en maintenant la sévérité de la règle, de la discipline dans les maisons établies pour peines, moraliser les détenus par un meilleur régime pénitentiaire, par le travail, par des préceptes de morale, par d'évangéliques prédications, rien de mieux : c'est le devoir de la société, c'est une bonne œuvre, c'est le but élevé auquel elle doit tendre. Voilà surtout comment elle doit essayer de se garantir contre les irruptions criminelles ; de cette manière, non-seulement elle s'*assure*, mais encore elle rend un éminent service au coupable, qu'elle rachète et réhabilite.

Mais la surveillance comme préservatif !... c'est-à-dire, infliger un supplice anticipé, gêner la liberté du suspect, entraver son travail, rendre son avenir, peut-être innocent, solidaire de son passé coupable, aller, en dépassant les bornes d'une légitime défense, jusqu'à diriger une attaque directe, actuelle, à l'encontre d'une éventualité confiée au hasard d'événements à naître, et qui peut ne jamais surgir à l'état de fait punissable ! Non, mille fois non ; on oublie donc toutes les souffrances, toutes les angoisses que la surveillance amasse en alluvion quotidienne dans l'âme du surveillé ? On oublie donc que, le plus souvent, en quête de travail et de pain, il ne peut trouver ni l'un ni l'autre ? On oublie donc qu'on le chasse de gîte en gîte comme un réprouvé ? On oublie donc que ses tribulations sont si douloureuses, qu'elles l'amènent à regretter celles de la prison, où, du moins, il était à l'abri de la faim ? Et tout cela, parce que la société a des craintes ! Pour dieu ! est-ce là de la justice ? N'y a-t-il pas iniquité flagrante, tranchons le mot, à endolorir ainsi une existence d'homme uniquement comme préservatif ?

Pour peu que l'on réfléchisse, on verra que nous raisonnons juste, et l'on restera convaincu que les rigueurs de la surveillance, désavouées par l'humanité et la raison, doivent être repoussées comme vexatoires, tyranniques, inéquitables, et en hostilité ouverte avec nos mœurs et nos tendances.

Pour combattre cette vérité de l'esprit et du cœur, en vain cherchera-t-on à étaler, à grossir les dangers d'une liberté illimitée laissée à des gens qui ont failli ; en vain fera-t-on briller à nos regards le grand principe de l'intérêt de la société ; en vain argumentera-t-on de son droit de défense ; nous répondrons : 1º la mise en surveillance ne diminue pas les dangers ; les diminuât-elle, la société ne doit pas se sauvegarder par l'iniquité, mais par des moyens honorables ; 2º le premier, le plus grand, le plus sacré des principes sociaux, le premier, le plus grand, le plus sacré des intérêts de la société, c'est la fidèle observation des règles de la justice distributive ; elle ne vit qu'à ce prix, et c'est dans l'arsenal de ces règles qu'elle doit chercher les armes qui peuvent assurer son droit de défense, droit, du reste, qui, comme tous les autres droits, est limité par le devoir, et qui ne pourrait s'étendre au delà sans perdre son autorité et le respect qui lui est dû. Voilà notre réponse. Est-ce à dire que nous livrons la société à la merci du crime ? Dieu nous en garde ! Quelle se munisse d'une arme loyale, non prohibée, du bouclier de la moralisation ; qu'elle s'en couvre en vue d'un danger futur, nous l'y convions ; mais qu'elle reste sur la défensive, et qu'elle ne frappe pas avant l'heure celui qui peut n'avoir pas l'intention de l'attaquer. J'ai un ennemi qui a manifesté jadis contre moi des dispositions hostiles : averti, je le surveille ; s'il s'approche, je m'éloigne, je fuis les lieux qu'il fréquente ; ou bien, je me tiens sur mes gardes, je me fais porteur d'armes pour me défendre en cas d'attaque. Jusques-là, c'est bien ; je suis dans mon droit, et je ne blesse nullement le droit d'autrui ; mais si, au lieu d'agir ainsi, je poursuis moi-même cet homme, le poignard à la main, si je le contrains à s'éloigner des lieux où je suis, où je vais, où je passe, si je le frappe, ou si, pour paralyser l'exécution de ses anciennes menaces, je lui lie les membres, et l'empêche ainsi de se livrer au travail, cela est-il juste ? N'ai-je pas dépassé les limites de la légitime défense ? N'ai-je pas attaqué moi-même, et ma conduite n'est-elle pas blâmable ? Qui dirait non ? Les menaces proférées par mon adversaire, menaces verbales, et sans ordre ni condition, ne constituaient pas un fait punissable d'après la loi, pourquoi donc l'ai-je puni ? Rien ne prouvait que cet homme eût l'intention de réaliser ses menaces ; peut-être se repentait-il, au contraire, de les avoir faites ; j'ai donc, en tout point, mal agi. Eh bien ! pourquoi, dans un cas pareil au mien, la société agit-elle comme moi ?

Qu'un professeur d'une faculté de médecine s'avisât d'enseigner qu'après avoir pansé et guéri une blessure, il faut ensuite ouvrir la cicatrice pour s'assurer si quelque corps étranger n'est pas resté dans la plaie, bien qu'aucun symptôme ne prouve la présence de ce corps..., que penserait-on de ce médecin ? C'est pourtant ce que fait ici le législateur : le crime, c'est la blessure ; la peine, c'est le pansement ; la mise en liberté, c'est la guérison, probable, possible, du moins ; la surveillance, c'est l'ouverture de la cicatrice ; la non-amélioration du condamné, c'est le corps étranger éventuel. Si l'on peut objecter victorieusement au docteur qu'aucun grave symptôme n'attestant la présence d'un corps étranger dans la plaie cicatrisée, il n'est ni rationnel, ni humain, ni de précepte, ni de science, d'ouvrir violemment la cicatrice, et de raviver les souffrances du convalescent en mettant, de nouveau, sa guérison en question, ne peut-on pas, de même, répondre au législateur qu'il n'est ni rationnel, ni humain, de rouvrir la cicatrice de l'emprisonnement par la mise en surveillance quand il peut se faire que la guérison morale soit complète et assurée, et qu'ainsi, on n'ait à redouter le contact dangereux d'aucun corps étranger ? Ceci, se rattache, du reste, à la question de l'injustice de la surveillance, quant à son application, question que nous allons examiner tout à l'heure.

Les tribunaux correctionnels n'insèrent pas dans leurs jugements de *considérant* spécial pour la surveillance ; et, en vérité, s'ils étaient forcés de le faire, ils hésiteraient, je crois, à la prononcer, car que pourraient-ils dire sinon : « *Attendu que le délit commis par Pierre fait supposer qu'il est possible qu'il en commette un jour de nouveaux.* » Or, quel est le juge dont la raison ne reculerait pas effrayée devant l'inanité d'un pareil motif pris comme base d'une aussi rigoureuse décision, surtout si cette décision renfermait la triste nomenc'ature des tourments du surveillé ? Supposons que la loi, au lieu de condamner à la surveillance, infligeât, en sus de la peine principale, six mois d'emprisonnement sous le prétexte de couvrir l'éventualité des crimes à venir ; que dirait-on de cette loi ? Le bon sens et l'indignation publique n'en feraient-ils pas promptement justice ? Sans aucun doute ; or, qu'importe que, en droit strict, la mise en surveillance ne soit pas la peine du méfait commis, si, en fait, elle a des conséquences aussi terribles, plus terribles quelquefois qu'une peine ordinaire ? Que me font, à moi, ces distinctions, dira le libéré ? Mes souffrances en sont-elles moins grandes ? Par la surveillance vous me châtiez, vous me punissez, non pas pour le crime passé, mais pour le crime futur ; voilà donc toute trouvée une punition antérieure au crime, c'est-à-dire, la plus absurde, la plus révoltante énormité ?... et, non-seulement antérieure au crime, mais prononcée par la loi ou par des magistrats qui ignorent si ce futur crime sera, oui ou non, commis un jour !!! Ainsi, vous renouvelez contre moi l'application de la fatalement célèbre loi des suspects écrasée sous le poids d'une unanime réprobation. Par quelle objection sérieuse pourra répondre le législateur à ce cri de détresse et de protestation du libéré ?

Oui, nous le disons à notre tour, le texte relatif à la surveillance est une loi de suspicion, et ce n'est pas son moindre défaut. Par le temps qui court, les Codes ne sont plus cachés dans des antres mystérieux ; les profanes ont, comme les pontifes, leur entrée au sanctuaire, ils en sondent les profondeurs ; ils déchiffrent les tables de loi, et quand ils y trouvent des commandements, des prescriptions que désavouent la sagesse et l'équité, ils s'éloignent en reniant l'idole, et en demandant d'autres dieux. Qu'on y prenne garde ! Que le législateur avise : car il n'y a pas bien loin du mépris des lois à la désobéissance et à l'infraction ; qu'il songe à faire disparaître la surveillance, mesure acerbe qui ne se défend par aucune justification plausible ; qu'il fasse droit aux conclusions de M. Vatout, s'exprimant ainsi dans la séance de la Chambre des députés du 24 novembre 1831 : « Évitons tout « ce qui perpétue la faute au delà de la peine, et la peine au « dèlà du jugement. Héritage d'un pouvoir ombrageux, la « surveillance ajoute à la sévérité légale de la justice tous les « caprices de l'administration ; elle transforme en parias « ceux qu'elle atteint ; c'est peu d'avoir subi le châtiment « porté par les lois, il faut qu'ils passent à un autre supplice « non moins douloureux que la perte momentanée de leur « liberté.... C'est une peine à abroger. »

Jusqu'ici, nous n'avons considéré la mise en surveillance que comme un moyen de soumettre les libérés aux investigations de la police, mais elle a une autre fin, celle de leur interdire l'accès de certains lieux. A la lecture de l'art. 44 du Code pénal, on est même tenté de penser que cette interdiction est sa fin principale, et que c'est pour pouvoir plus sûrement l'atteindre que l'on surveille leurs démarches. Nous devons examiner la mesure sous ce nouvel aspect.

C'est le Gouvernement, c'est l'autorité administrative qui détermine les lieux interdits. Sur quelles bases? D'après quelles règles? Le Code de 1810, celui de 1832, ne précisent rien ; on a donc recouru au décret du 17 juillet 1806, dont nous avons parlé, et, soit à l'aide de ce décret, soit à l'aide d'instructions ministérielles postérieures, on est parvenu à pouvoir interdire l'accès des lieux habités par la victime, sa famille, les témoins, les jurés, les juges... . ainsi que celui des grandes villes, des frontières, des localités où sont établis des maisons de détention, des bagnes.....

Quant à l'interdiction des lieux occupés par la victime, les témoins, les jurés..., nous nous en occuperons peu, parce qu'il est rarement fait usage de ce pouvoir, dont l'exercice plus fréquent pourrait bien offrir certains dangers, la loi n'ayant fait, à cet égard, aucune distinction entre les crimes et les délits, et une immense latitude étant ainsi laissée à l'administration.

Ce n'est pas, nous le pensons, du moins, la nature ou la gravité du méfait qui motive seule cette interdiction. D'ordinaire, au moment où l'arrêt est rendu, le condamné peut se laisser entraîner par la colère, et faire vœu de se venger s'il juge sa condamnation trop sévère, et s'il attribue cette sévérité à la déclaration du plaignant, ou à celle de quelques témoins, ou au verdict des jurés, ou à la malveillance des membres de la Cour. A cette heure là, il ne serait certes pas prudent d'autoriser cet homme à donner un libre cours à la passion qui l'étreint, mais le temps arrive qui ramène au gîte la raison égarée; plusieurs années de bagne ou de réclusion calment l'ardeur de ce sang qui bouillait, la résignation la remplace, et quand tombent les fers, la pensée hostile du début est déjà loin.

Dans des circonstances semblables, il serait donc, non-seulement inutile mais injuste, d'appliquer l'interdiction. On ne peut recourir à cet expédient que contre un condamné à passions indomptables, à haine indélébile, qui, avec persistance, à maintes reprises, surtout vers la fin de sa peine, a proféré de sinistres imprécations, des menaces de mort ou d'incendie contre les auteurs présumés de sa ruine, qui, enfin, emporte avec sa liberté une ardente soif de vengeance.

Cette interdiction est formulée, sans doute, par le Ministre de l'intérieur, sur l'avis du parquet et sur les renseignements fournis par les employés du bagne, ou des autres maisons établiesp our peines, et après examen du dossier. Interroge-t-on le condamné? le questionne-t-on sur les propos qu'il a tenus, afin qu'il soit mis à même de les expliquer, de les excuser, si faire se peut, et pour qu'on puisse, selon le sens et la portée de ses réponses, apprécier la valeur des menaces et les craintes qui peuvent raisonnablement troubler la sécurité des personnes menacées? Nous l'ignorons : car nous n'avons pu nous procurer des documents précis sur cette partie spéciale et intégrante de la mise en surveillance ; mais nous sommes tout disposé à croire que la décision n'est prise qu'en pleine connaissance de cause.

Seulement, qu'on nous permette une observation.

Si, par la crainte de l'exécution de ses menaces, défense a été faite au libéré de paraître dans les lieux habités par celui ou ceux qu'on appréhende qu'il n'attaque, pense-t-on sérieusement que cet homme, qui a couvé sa vengeance pendant dix, pendant quinze ans, plus ou moins, sans la laisser refroidir jamais, qui, dans l'obscurité d'un cachot, aura compté avec une impatience fiévreuse les longues heures qui le séparaient du jour où il pourrait la faire éclore, s'arrêtera devant la faible barrière qu'on lui opposera et la distance que l'on mettra entre sa victime et lui ? Non, à coup sûr, il la renversera, cette barrière ; il la franchira, cette distance ; il ira où la passion l'appelle, et sa présence dans le lieu interdit sera d'autant plus dangereuse qu'elle sera imprévue, car il pourra frapper avant qu'on ne se soit mis en défense. Quel rôle aura joué cette interdiction ?

Elle produirait peut-être son effet s'il était possible d'assigner au libéré une résidence à l'autre bout de la France, parce qu'alors les difficultés, les dépenses d'un long voyage, pourraient être un obstacle sérieux ; mais, quelqu'étendu que soit le pouvoir confié à l'administration, ce pouvoir ne saurait aller, ce nous semble, jusqu'à limiter ainsi le terrain laissé au libéré qui, à force de restriction, de réductions, finirait, quoique hors des verroux, par n'avoir pas à sa disposition un espace plus considérable que celui qui se trouvait compris entre les parois de son ancien cachot.

Arrivons à l'interdiction de la capitale, des grandes villes, de celles où sont établis des bagnes, des maisons de détention....

Nous avons sous les yeux, au bas d'un certificat de libération, le tableau imprimé des résidences interdites. Nous en comptons 36 : villes, arrondissements ou départements, résidences disséminées dans 20 départements. Ce sont donc 20 départements interdits, en tout ou en partie, aux libérés, c'est-à-dire presque le quart de la France. Cette interdiction est de nature à nuire considérablement à leurs ressources, d'autant plus qu'elle porte spécialement sur les grandes villes, lieux où s'ouvrent pour les ouvriers de plus nombreuses et de plus lucratives voies de travail. Il est des travaux qui ne s'exécutent que dans les centres populeux ; à Lyon, par exemple, existe une foule d'ouvriers employés au tissage des étoffes de soie ou à celui des rubans ; il en est de même à Saint-Etienne, ville qui occupe, en outre, un grand nombre de bras à la manufacture d'armes ; eh bien ! qu'un de ces ouvriers, par suite d'un crime ou d'un délit, soit condamné à la surveillance, sera-t-il autorisé à rester dans son domicile après l'expiration de sa peine, ou à se rendre à Saint-Etienne, s'il est de Lyon, à Lyon s'il est de Saint-Etienne ? Non, car ce sont deux villes interdites. Où ira-t-il donc ? où pourra-t il utiliser son métier, le seul métier qu'il connaisse ? Quelles sont les autres villes de France qui renferment des fabriques de rubans et d'étoffes de soie, et combien y en a-t-il où se trouve une manufacture d'armes ? Forcément donc, cet homme va être embarrassé pour vivre, surtout s'il a la charge d'une famille. Il ne s'est jamais livré aux travaux des champs ; il y sera longtemps fort inhabile, partant, son gain sera presque nul ; et puis, les salaires des campagnes, des petites localités, sont si loin de s'élever au taux de celui qu'il obtenait avant sa condamnation, qu'il y aura pour lui perte majeure, perte d'autant plus grande, que, dans sa profession de travailleur en soie, les bras de sa femme, ceux de ses enfants trouvaient place et faisaient profit. L'indigence va donc l'atteindre, lui et les siens, puis le désespoir qui la suit, puis le crime, peut-être, qui suit si souvent l'un et l'autre, et non pas une indigence passagère, de courte durée, mais une indigence qui pourra être éternelle, puisque l'interdiction facultative de certains lieux dure autant que la surveillance, et, qu'en fait de crime, la surveillance est presque toujours à vie.

Maintenant, s'il est contraint de s'éloigner de sa mère malade, de son père infirme, aux besoins desquels il subvenait, alors que sa journée était lucrative, comment les nourrira-t-il quand, exilé, il aura peine à trouver sa subsistance personnelle? Ces deux vieillards, que deviendront-ils? qui prendra soin d'eux? qui les sauvera de la faim?

Nous voudrions bien qu'on nous dît quel bénéfice la société retirera de ces tribulations; et si, plutôt que de se voir privé de pain ainsi que sa famille, cet ouvrier brave l'interdiction et revient au lieu interdit, quoi l'attend s'il est reconnu? L'emprisonnement!... Cinq années, peut-être! La loi vous avait condamné à la misère, lui diront les tribunaux, et, comme vous avez cherché à vous soustraire à cette condamnation, nous vous condamnons à la prison.... O vous! qui êtes appelés à l'honneur de réviser notre législation criminelle, biffez, biffez vite cette odieuse pénalité; biffez, biffez vite cette loi d'ostracisme et de proscription, car le bon sens et l'humanité crient contre elle, et leur voix doit être écoutée.

Qu'on veuille bien remarquer ceci : l'ouvrier qui, soumis à la surveillance, est domicilié à Moulins, ou à Roanne, peut, à son gré, résider dans l'une ou l'autre de ces deux villes, si ses affections, ses intérêts, un avantage quelconque, l'y retiennent, et l'ouvrier de Lyon, de Paris, de vingt autres villes, sera obligé d'abandonner ce domicile, dussent ses affections et ses intérêts souffrir. Cet ouvrier-ci n'est cependant pas plus coupable parce qu'il est de Lyon ou de Paris, que cet ouvrier-là parce qu'il est de Roanne ou de Moulins; ce n'est pas la faute de l'un s'il a sa demeure dans une ville interdite, et ce n'est pas un mérite de la part de l'autre d'avoir la sienne dans une ville autorisée. Comment expliquer cette différence de traitement? par ce motif qu'une agglomération de repris de justice au milieu d'une population nombreuse forme un dangereux foyer de corruption? Mainte page de cet écrit est destinée à discuter en principe cette considération; à cette place nous ne consignerons qu'une réponse en fait : cette interdiction est inutile parce qu'elle n'est que très rarement respectée. La situation douloureuse et précaire faite au surveillé dans les petites localités, l'oblige, nous ne cesserons de le répéter, à braver la défense à ses risques et périls, et à courir aux grands centres, soit parce qu'il y trouve de plus amples ressources, soit parce qu'il peut y rester inaperçu ; il s'y rendra nonobstant les entraves ; il pourra bien, dans le trajet, faire quelque station forcée devant un tribunal correctionnel, et subir une nouvelle condamnation pour vagabondage ou rupture de ban ; mais, un peu plus tôt un peu plus tard, il arrivera dans la grande ville. A quoi bon dès lors la lui interdire ? pour que, en cas d'infraction, il soit puni et incarcéré ? Mais le législateur ne veut pas punir uniquement pour punir, sinon il serait indigne de sa haute mission ; et d'ailleurs, ce sont les malheureuses rigueurs de la loi elle-même qui poussent le surveillé vers les lieux que pourtant on lui interdit, pourquoi donc le rendre responsable ? Lui enlever la faculté de libre locomotion, c'est restreindre, amoindrir le plus souvent, anéantir quelquefois ses moyens d'existence ; or, nous ne re connaissons pas au législateur le droit de décréter la faim : c'est un supplice qui a disparu avec les *in-pace*, et si nous ne sommes pas de ceux qui admettent le droit au travail à la façon de certains utopistes, nous sommes de ceux du moins qui pensent que le Gouvernement doit, jusqu'à l'extrême limite de ses ressources, jusqu'à la plus grande tension de ses efforts, porter aide et secours aux prolétaires qui cherchent à employer leurs bras pour gagner leur pain, que ces travailleurs soient purs de toutes souillures ou qu'ils aient sali leur honneur : car ceux ci comme ceux-là ont droit à la vie ; et, puis à agir ainsi, il y a avantage pour la société : si le travail procuré aux uns les maintient dans leurs bonnes dispositions, le travail procuré aux autres les ramène au devoir.

La mise en surveillance est injuste dans son application.

L'étude des faits, l'expérience, apprennent que le condamné qui sort du bagne ou de la prison en sort souvent pire qu'il n'était à son entrée, nous le reconnaissons : et, soit dit en passant, cet état de chose accuse peut-être autant les vices de l'organisation du système pénitentiaire actuel que les penchants pervers du coupable. Mais il faut néanmoins se garder de l'exagération ; s'il est des natures incurables que les châtiments ne peuvent améliorer ni par la crainte ni par la honte, il est aussi des criminels qui, faisant résolument divorce avec leurs antécédents, parviennent à dépouiller le vieil homme, et que les amères réflexions de la solitude finissent par purifier. S'il en était autrement, si l'incarcération dépravait toujours, et si dans ce cas on ne se hâtait pas de changer le régime répressif, à quoi bon peupler momentanément les maisons pour peines ? Il ne resterait à la société que le choix de deux moyens, l'un dangereux, l'autre inique : ou proclamer l'impunité, ou enfermer à vie. Par bonheur, elle n'en est pas réduite à cette funeste et mortelle alternative, et nous avons vu nous-même trop d'exemples d'un repentir sincère, et d'une résolution de vie meilleure pour ne pas protester contre le désespérant anathème qui n'admettrait pas de nombreuses exceptions.

Si ces exceptions existent, n'est-on pas frappé tout d'abord de l'irrationalité de la mise en surveillance prononcée *en même temps* que la peine principale? Un vagabond est condamné correctionnellement à la surveillance, un voleur, un faussaire, sont soumis à la même mesure par une condamnation de Cour d'assises. Eh bien ! ce vagabond, ce voleur, ce faussaire, en prison ou aux travaux forcés, gémissent sur leur faute, manifestent une vive contrition ; seuls à seuls avec leur conscience, ils en écoutent le cri réprobateur, et, leur sens moral abattu se relevant avec efforts, ils se promettent de rentrer dans les voies de l'honneur et de la probité ; leur conduite dans le local où ils sont détenus est bonne et régulière ; les gardiens eux-mêmes rendent témoignage des améliorations, des changements survenus ; n'est-ce donc rien que tout cela, je vous prie ? N'y a-t-il pas à compter avec les coupables repentants? N'y a-t-il pas surtout une distinction à faire entre eux et les endurcis, les persistants, les incurables, les criminels *quand même?* Et pourtant, non..., le législateur ne leur en tient pas compte; non..., il ne les distingue pas; soumis d'avance à la surveillance ils la subiront comme les autres..., cela est-il équitable? Pourquoi la surveillance a-t-elle été inventée? Comme parachute. Pourquoi encore? parce que le législateur a pensé, ou que le séjour des lieux de répression n'était guère moralisant, ou que la mauvaise nature des condamnés résisterait à la moralisation. Mais si le contraire arrive, si certains criminels s'amendent, si la peine subie a rendu leur purification complète, est-ce que les motifs de la surveillance ne tombent pas d'eux-mêmes? Est-ce qu'il ne devient pas inique de la leur faire subir? Il est donc incontestable que la mise en surveillance prononcée par le jugement de condamnation, et conséquemment avant que l'on ait pu s'assurer si les rigueurs de la peine principale amèneront, ou non, la régénération du condamné, est une mesure entachée d'un vice d'irrationalité qui peut donner naissance à l'injustice la plus révoltante, et paralyser les dispositions les meilleures. La misère coupable a bien assez de peine à sortir de l'ornière du vice ou du crime, sans que la loi vienne neutraliser ses efforts.

A ceux qui objecteraient que la bonne conduite dans l'intérieur d'une maison de pénitence n'est qu'une présomption que des faits ultérieurs viennent quelquefois détruire après la mise en liberté, nous pouvons répondre que ne fût-ce là, en effet, qu'une présomption, il faut convenir qu'elle n'est pas sans quelque gravité; que la raison, ni l'humanité n'admettent qu'une présomption grave en faveur d'un malheureux puisse faire prendre de rigoureuses mesures contre lui, et que, y eût-il doute, ce doute ne justifierait pas plus la surveillance que le doute sur le fait incriminé ne justifierait la condamnation principale, parce que le temps n'est plus, Dieu merci! de faire l'atroce réponse de cet indigne prélat qui disait, au sac de Béziers, je crois : *Frappez-les tous, catholiques et hugue-nots, mettez-les tous à mort; Dieu saura bien distinguer les siens.*

Autre iniquité : Nous trouvons dans le Code pénal que les condamnés, soit aux travaux forcés à temps, soit à la réclusion, soit à la détention, doivent toujours subir la surveillance à vie. Pourquoi à vie quand la peine est à temps?

Aujourd'hui que des esprits droits et des cœurs purs s'inquiètent de la perpétuité des peines, se demandent avec anxiété si cette perpétuité est bien légitime, et mettent en avant d'assez bonnes raisons pour la négative, il peut bien être permis de s'insurger quelque peu contre la surveillance perpétuelle. On s'explique, jusqu'à un certain point, la sévérité même excessive d'une peine quand on songe au crime qui l'a précédée : mais comment s'expliquer une surveillance sans fin pour parer à une éventualité qui n'aura peut-être jamais de commencement de réalisation? Quoi! après cinq ans de travaux forcés subis pour vol qualifié, je suppose, un forçat sort du bagne à l'âge de 28 ou 30 ans, et pendant 10, 20, 30, 40 ans, pendant un demi-siècle, jusqu'à son dernier soupir enfin, le fardeau de la surveillance pèsera sur lui comme un cauchemar! et il aura beau crier : « Il y a 20, 30, 40 ans « que je suis repentant et bien décidé à ne plus pécher! Il y « a 20, 30, 40 ans que je n'ai commis aucune action coupa- « ble! Il y a 20, 30, 40 ans que je suis devenu un citoyen « honnête, un bon père de famille, et que j'ai élevé mes en- « fants dans la crainte de Dieu et du déshonneur! » Il aura beau se lamenter ainsi, rien n'y fera! Surveillance à vie! toujours surveillance, en vertu de l'arrêt de condamnation! Mais c'est donc un réprouvé que ce malheureux suspect? La loi a donc décrété, bon gré malgré, contre lui, l'impénitence finale? Ceci nous rappelle ce damné qui demandait l'heure, et à qui la pendule infernale répondait : l'éternité! avec cette différence capitale toutefois que ce dernier expiait une faute commise, tandis que l'autre *expie* un crime futur, à notre avis du moins, puisque nous ne considérons pas la surveillance comme faisant partie de l'expiation du crime à l'occasion duquel elle a été prononcée.

La surveillance à temps, du moins, peut s'appuyer sur quelques arguments spécieux; la société dit : « Vous avez « commis un méfait, vous en subirez la peine, mais comme « il peut arriver que cette peine subie n'opère pas votre con- « version, qu'il peut se faire qu'en recouvrant votre liberté « vous en fassiez, de rechef, un criminel usage, je veux pren- « dre quelques précautions contre vous; je vais donc recom- « mander à la police de surveiller vos démarches pendant un « temps donné, puis, ce temps écoulé, cet essai fait sans re- « chute de votre part, vous rentrerez légalement purifié et « entièrement libre dans les rangs des citoyens. » Ce langage fait comprendre la mesure s'il ne la justifie pas; mais comment, nous ne disons pas justifier, mais seulement comprenprendre la surveillance à vie comme corollaire d'une peine à temps? Ici, ce n'est donc plus un essai que la société prétend faire, puisqu'il n'y a point de terme, pas de fin; elle croit donc que les souffrances, la raison, le temps, la famille, les cheveux blancs, les infirmités, que tout cela ne modifie pas, ne transforme pas; que le vieillard de 60 ans est encore le jeune homme de 25 ; que, forcément, fatalement, tout crimi- nel sans distinction, qui sort du bagne ou de la réclusion, ou de la détention, doit rester dans la fange du crime, et qu'il faut le jeter sans miséricorde à la voirie des incurables? Mais, ou nous nous trompons fort, ou c'est là méconnaître complé- tement la nature humaine; la psychologie nous apprend, au contraire, que l'homme est éminemment perfectible; qu'il s'améliore communément avec l'âge, lorsque la saison des passions violentes s'en va et fait place à celle du calme et de la réflexion; elle nous apprend encore que, sauf pour quelques monstruosités rares et exceptionnelles, le repentir est un fruit que le temps amène à maturité. Si ces assertions son vraies, la surveillance à vie est jugée; le tribunal souverain de l'expérience la condamne comme injuste, parce qu'elle enlève à la contrition toute chance de rédemption. Voici deux hommes tombés en état d'infortune : voyez le premier, comme il se meut, comme il s'agite, comme il se met en quête pour avoir de l'ouvrage, pour gagner sa vie ! C'est un malheureux qui espère. Voyez l'autre, l'œil éteint et indifférent, la face amaigrie et inerte, couvert de haillons, étendu sur son grabat ! c'est un malheureux qui n'espère plus. Eh bien ! le premier, c'est le surveillé à temps : il lutte, au début ; le second, c'est le surveillé à vie : il reste affaissé sous son inertie ; tout effort pour revenir au bien coûtant quelque peine, il n'en fait point, et reste accroupi sur son fumier, sachant que la lèpre de la surveillance doit le ronger jusqu'à la fin. Voilà ce qui advient de la surveillance à vie. Qu'on nous permette une autre comparaison dont la justesse fera excuser la trivialité : au moment où une bête de somme a fait une chute avec un poids de 25 kilogrammes sur le dos, armez-vous du fouet et frappez, la bête se relèvera ; mais, au lieu de 25 kilogrammes mettez-lui en 600, et frappez, frappez fort, bien fort, la bête ne se relèvera pas. C'est encore là l'histoire en apologue du surveillé à vie.

N'est-ce pas en dire assez pour pouvoir affirmer que cette mesure de désespérance paralysant toute bonne intention, qu'elle rend inutile, entravant tout pas tenté pour remonter le courant criminel, doit être proscrite comme attentatoire à l'amendement du malheureux qu'elle atteint, et comme injurieuse envers la nature perfectible de l'homme? concéderions-nous qu'il est des âmes totalement perverties, concession qu'il nous serait malheureusement difficile de ne pas faire, que nos conclusions seraient encore bien fondées, car la question n'est pas de savoir si pour quelques-uns la surveillance à vie est nécessaire, ou du moins sans danger, mais bien si elle est nécessaire, utile et légitime pour tous ceux qui y sont soumis. Mais, dira-t-on, comment pouvoir faire cette distinction, puisqu'on ne peut pas lire dans l'intérieur des consciences? Comment! et voilà précisément par où pèche votre solution : vous voulez qu'on soumette tous les criminels à la surveillance parce que vous désirez que les incurables y soient soumis, et nous, nous demandons qu'on n'emploie cette mesure contre personne parce que nous désirons qu'on n'y assujettisse pas les repentants, les convertis : ce qui revient à dire que si un groupe d'accusés renfermait des innocents et des coupables, sans que l'on pût préciser quels sont les coupables et quels sont les innocents, vous les condamneriez tous de crainte qu'un coupable ne restât impuni, tandis que nous n'en condamnerions aucun, pour échapper à l'infamie de condamner sciemment des innocents. La question, réduite à ces termes, il n'y a plus à discuter : c'est une affaire de sentiment.

Nous aurions tout un volume à faire si nous voulions relever les nombreux non-sens que présente l'application de la surveillance, n'en citons plus qu'un seul.

Pierre, en brisant une vitre, s'est introduit dans une maison où il a commis un vol; il y a soustraction frauduleuse avec deux circonstances aggravantes : le lieu habité et l'effraction; dès-lors crime, condamnation aux travaux forcés de cinq à vingt ans, à moins de circonstances atténuantes, de plus, surveillance à vie. Paul s'est aussi introduit dans une maison et il y a volé, mais il n'a pas brisé de vitre pour entrer : cela n'était, sans doute, pas nécessaire. Son fait ne constitue qu'un délit; il n'aura, au maximum, que cinq ans d'emprisonnement, et, au gré du juge, une surveillance à temps, ou point de surveillance. Pourtant, Pierre n'a commis qu'un vol minime; il a pris un peu de blé, un peu de lard, Paul a pris une somme considérable ; Pierre n'avait pas de mauvais antécédents, Paul en était à son deuxième, troisième vol, à son deuxième, troisième jugement; est-ce que Paul n'est pas plus pervers, plus dangereux que Pierre ? Pourquoi donc celui-ci sera-t-il condamné à la surveillance à vie, et l'autre à la surveillance à temps, si même on l'y condamne ? Parce

que Pierre a l'en-sus d'une vitre brisée, et que cet en-sus pa-
raîtra plus grave que les jugements antérieurs qui ont frappé,
flétri Paul! En vérité, c'est bien fort. Mais, dira-t-on, le
bris de vitre convertit en crime le vol commis par Pierre;
qu'importe, répondrons-nous, si la vie antérieure du délinquant correctionnel, sa perversité, sont de nature à inspirer
des craintes plus vives à la société, et lui offrent plus de dangers; n'oublions pas que c'est sur ces craintes, sur ces dangers que le législateur a basé la légitimité de la surveillance.
J'entends dire que la vitre brisée est une circonstance qui
annonce une plus grande audace! J'en doute; et je suis porté
à croire que si Paul eût rencontré cet obstacle, et qu'il eût
pensé que cet obstacle s'opposait seul à la consommation de
son vol, il l'eût renversé tout comme a fait Pierre; je ne con-
nais pas de voleurs plus audacieux que ceux qui persistent
nonobstant la sévère leçon de plusieurs condamnations.

Ce que nous venons de dire de l'effraction nous pourrions
le dire de l'escalade. Pour commettre un vol dans un lieu
habité, passez la jambe par l'ouverture d'une fenêtre qui
aura un mètre, ou même moins, d'élévation au-dessus du sol:
crime; ne la passez pas: délit; passez-la : surveillance de plein
droit et à vie; ne la passez-pas : peut-être point de surveillance, ou bien, surveillance à temps : différence immense, capitale, quand on se reporte aux tribulations du surveillé, et que
notre intelligence ne comprend pas qu'on puisse faire dé-
pendre d'une vitre de moins, ou d'une enjambée de plus.
Le voleur s'introduit par la voie qui lui paraît la plus courte,
la plus commode, la plus sûre; celui qui passe par la porte
passerait par la fenêtre s'il y trouvait un avantage, et sans
se préoccuper des conséquences diverses de l'une ou de
l'autre manière de s'introduire. Ces distinctions subtiles, où on
a puisé la théorie de certaines circonstances aggravantes, ces-
sent, vraiment, d'être raisonnables; si on avait à regretter,
sous l'ancien régime pénal, que les circonstances qui doivent
influer sur la gravité du crime de vol ne fussent pas définies,

parce que cette lacune donnait lieu à des interprétations arbitraires, on est tenté de regretter aussi, parfois, que cette
définition ait été faite parce qu'elle amène, de temps à autre,
des résultats qui ne sont pas toujours approuvés par le bon
sens. Aussi, les tribunaux font aujourd'hui justice de cette
étrangeté légale, et communément, autant que faire se peut,
sur les conclusions conformes du ministère public, ils correc-
tionnalisent ces sortes d'affaires, en élaguant, sans façon, cette
escorte de circonstances aggravantes qui fort souvent, en saine
appréciation, n'aggravent rien, ce que nous tenions à constater pour justifier l'assertion par nous avancée sur l'irrationalité de l'application de la surveillance.

C'est assez.

Nous avons successivement parcouru les divers points que
nous avions projeté d'examiner, et nous croyons avoir établi
la vérité des cinq propositions énumérées au début. Il semblerait dès-lors que nous n'avons plus qu'à clore la discussion et à poser la plume : pourtant cette esquisse serait in-
complète si nous passions sous silence la réhabilitation, le
recours en grâce les circonstances atténuantes, et enfin
si nous ne discutions pas la valeur des arguments à l'aide
desquels on est parvenu à inscrire la surveillance dans nos
Codes.

Entreprenons cette dernière tâche, et puis tout sera dit.

Demande en réhabilitation. — La demande en réhabilitation est une voie que le Code d'instruction criminelle ouvre
au condamné qui a subi sa peine pour obtenir d'être relevé
des incapacités pouvant résulter de sa condamnation. On la
dit plus puissante que la grâce, en ce qu'elle efface, sinon la
faute, du moins la condamnation, tandis que la grâce n'efface
que la peine. Quoiqu'il en soit, les lettres de réhabilitation
faisant tomber les incapacités et la condamnation, il faut bien
reconnaître que, en droit, du moins, ces lettres enlèveraient

la surveillance, soit parce qu'elle peut être considérée comme un genre d'incapacité, soit parce que ce qui fait disparaître la condamnation doit anéantir les traces quelconques qu'elle a laissées. Malheureusement, en fait, cette voie n'est pas un allégement. Voici pourquoi : il eût été bien avantageux pour les condamnés et pour la société qu'on eût employé un moyen quelconque pour porter cette ressource à la connaissance certaine de ceux qu'elle intéressait : pour les condamnés, parce que l'espoir de la réhabilitation pouvait amender leur conduite : pour la société, parce qu'elle avait tout intérêt à cet amendement. On ne l'a pas fait ; et comme le chapitre de la réhabilitation n'a jamais passé sous les yeux du condamné, comme personne ne l'a averti qu'il pouvait se faire réhabiliter, cet expédient est pour lui comme s'il n'existait pas. Nous affirmons, sans craindre de nous tromper, que sur mille condamnés, il n'y en a pas trois qui le connaissent, et qui puissent conséquemment le mettre à profit.

On trouve, d'ailleurs, d'autres raisons pour cela. D'après le Code d'instruction criminelle, c'est toute une procédure à entreprendre : il y a des avances de fonds à faire, d'assez nombreuses et d'assez difficiles formalités à remplir, des solennités à subir, et ces formalités, cet appareil, sont des entraves qui paralysent la volonté du libéré, et éteignent son désir de réhabilitation. L'art. 620 exige que le postulant joigne à sa supplique des attestations de bonne conduite qu'il doit se faire délivrer par les conseils municipaux et les municipalités des lieux où il a demeuré pendant le temps qui a précédé sa demande. Si donc cet homme était parvenu, par hasard, à dérober sa condamnation à la publicité dans les localités par lui habitées, il faudra qu'il étale cette condamnation successivement devant cinquante personnes au moment même où il demande à la justice d'en effacer la trace, et où, sur l'avis des tribunaux, le chef de l'État va peut-être en commander l'oubli ! Il faudra qu'il l'étale, disons-nous, car les conseils municipaux n'étant pas appelés, en général, à délivrer des certificats de bonnes vie et mœurs, tâche ordinairement dévolue au maire, ils demanderont, à coup-sûr, à ce dernier, le motif qui leur fait ainsi exceptionnellement accomplir cette œuvre, et celui-ci le leur dira, et il sera bien nécessaire qu'il le dise, car très-probablement le requérant sera inconnu à la majorité des membres des conseils auxquels il s'adressera, et, par conséquent, leur décision ne pourra intervenir que sur les observations et les renseignements que fournira le maire.

Il y a plus : suivant l'art. 625, la notice de la demande en réhabilitation doit être insérée au journal judiciaire du lieu où siége la Cour qui devra donner son avis, et du lieu où la condamnation a été prononcée; c'est-à-dire nouvelle publicité, c'est-à-dire pour le postulant douleur nouvelle qui ravive l'ancienne et ramène la rougeur de la honte sur son front qu'avait pourtant rasséréné l'accalmie de la contrition.

Il y a plus encore : les autres conditions exigées par l'art. 620, déjà cité, forment un obstacle presque invincible à la réhabilitation; aux termes de cet article, nul ne peut être admis à la demander s'il ne demeure depuis cinq ans dans le même arrondissement communal, et s'il n'est pas domicilié depuis deux ans accomplis dans le territoire de la municipalité à laquelle sa demande est adressée; or, avec les difficultés, les vexations que la surveillance engendre, il arrive très-rarement au condamné de pouvoir stationner pendant un aussi long temps dans la même localité; il ne peut donc pas remplir la condition imposée; il ne peut donc pas être admis à la réhabilitation.

De toutes façons, cette voie ouverte en droit se trouve fermée en fait. Nous savons bien qu'un décret du 18 avril 1848 a modifié, sur quelques points, le Code d'instruction criminelle, en ce qui concerne la réhabilitation : ainsi, provisoirement, ce ne sera plus la Cour d'appel qui donnera son avis, il suffira de celui du procureur-général; ainsi encore, ce sera le Ministre de la justice qui statuera; mais ce décret, essentiellement transitoire, laisse subsister les inconvénients, les conditions que nous venons de signaler; seulement, il comble charitablement une lacune du Code, lequel n'admettait pas à la réhabilitation les condamnés correctionnels : lacune difficile à expliquer, puisque les simples délits entraînent quelquefois la surveillance et l'interdiction des droits civiques, civils et de famille, incapacités que la réhabilitation est pourtant destinée à faire disparaître; lacune souverainement injuste, puisque les moins criminels sont ceux qui méritent le plus d'intérêt; lacune, enfin, qui n'est encore comblée qu'en partie, car ce même décret décide que les condamnés correctionnels ne pourront obtenir leur réhabilitation que trois ans après l'expiration de leur peine, prescription qui exclut ceux dont la surveillance ne va pas au delà de trois ans.

Il n'y a rien à attendre de la réhabilitation.

Recours en grâce. — Quant au recours en grâce, cette haute et précieuse faveur est plus connue, il est vrai, mais qu'importe? Dans l'usage, le droit de grâce ne s'applique qu'à la peine; il n'atteint pas la surveillance; pourquoi? Serait-ce que, malgré l'art. 11 du Code pénal, on ne voit réellement pas une peine dans la surveillance, et que, dans l'ignorance où l'on est des douleurs qu'elle engendre, on ne la considère pas comme une charge trop lourde? Serait-ce que, tout en dispensant de la peine, la purification pouvant n'être pas entière, on craint de se dénantir, et que l'on veut garder le gage pour l'avenir? Ce qu'il y a de certain, c'est que la grâce obtenue, la surveillance reste. On a soulevé la question de savoir si, en admettant que le chef de l'Etat ait le droit, ce qui est encore quelque peu controversé, de remettre les incapacités par l'exercice du droit de grâce, cette remise résulte nécessairement et, *ipso facto,* de la remise pure et simple de la condamnation, et cette question, décidée affirmativement par quelques auteurs, l'est négativement par d'autres, ainsi que par un arrêt de la Cour de cassation du 6 juillet 1827. M. Ledru-Rollin, dans le *Journal du Palais*, au mot : *Grâce*, résume les opinions diverses par cette observation, puisée dans la doctrine, que la question de savoir quels sont les effets de la décision du chef de l'Etat, en ce qui touche les incapacités encourues par le gracié comme conséquence de la condamnation est, avant tout, une question de fait qui doit être résolue par l'examen et l'interprétation des lettres de grâce elles-mêmes. Eh bien ! oui..., c'est là que doit se trouver la solution. Alors voyons : à la rigueur, et avant l'exécution du jugement ou de l'arrêt, la grâce pourrait être entière, c'est-à-dire porter sur toutes les condamnations prononcées, sans désignation spéciale et restrictive, et alors, nous le croyons, la surveillance tomberait ; mais cela ne se passe pas de cette manière, à moins qu'il ne s'agisse de crimes politiques, et ce n'est pas de ceux-là que nous nous occupons. En matière criminelle ordinaire, la grâce entière n'arrive jamais en faveur des individus condamnés aux travaux forcés à perpétuité, ou à temps, à la réclusion, ou à la détention, et cela est éminemment rationnel ; le droit de grâce conduirait à de bien déplorables abus, à de bien désastreux résultats s'il s'exerçait, dans les cas graves surtout, avant qu'on ait pu s'assurer si le postulant s'est rendu digne de pardon ; ce droit ne serait plus qu'un instrument de caprice, au jeu dangereux, car il briserait, au hasard, l'œuvre de sagesse des tribunaux répressifs. Un temps d'épreuve est donc à subir : il faut que, par sa conduite régulière et son travail assidu dans la prison, ou au bagne, le condamné ait donné un gage de son retour probable aux sentiments honnêtes ; alors, seulement, l'indulgence peut lui tendre la main sans que la justice en soit blessée. Voilà pourquoi l'ordonnance du 6 février 1818 a fixé l'époque à partir de laquelle les recours en grâce pourront être présentés et accueillis ; cette époque est, pour les condamnés à temps, celle où la moitié de leur peine est déjà subie, et, pour les condamnés à perpétuité, celle où ils viennent d'achever la dixième année de la leur. Voilà la règle : règle à laquelle il n'est dérogé que par des exceptions trop peu fréquentes pour que nous ayons à nous en préoccuper.

La grâce pour la totalité de la peine n'a donc pas lieu au profit des condamnés pour crimes ordinaires entraînant des peines afflictives et infamantes; nous n'avons donc pas, quant à eux, à examiner si la grâce entière fait disparaître la surveillance.

Cette grâce entière s'accorde-t-elle aux condamnés pour délits? Pas davantage, en général : car l'ordonnance que nous venons de citer, en statuant que le recours en grâce des condamnés à temps ne pourra être accueilli qu'après l'expiration de la moitié de leur peine, n'a fait aucune distinction entre les condamnations pour crimes et les condamnations pour délits. Inutile donc encore de rechercher, à l'égard des délinquants correctionnels, quels peuvent être les effets de la grâce totale en ce qui touche la surveillance. Ajoutons pourtant que s'il s'agit d'une faute et d'une peine légères, de quelque jours, d'un mois, de deux, de trois mois peut-être d'emprisonnement, l'on fait assez souvent fléchir la règle, et que le coupable est entièrement gracié ; mais ces cas exceptionnels ne sauraient résoudre la question relative à la surveillance, parce qu'il est évident que si le délit a très-peu de gravité, et n'est atteint que d'une répression indulgente, il n'y aura pas de surveillance infligée.

Venons aux grâces partielles, qui consistent dans une diminution ou dans une commutation de la peine, et qui sont obtenues soit avant, soit pendant l'exécution de l'arrêt ou du jugement. Voici ce que nous avons à dire sur cette faveur restreinte : si les lettres de grâce suppriment formellement la surveillance, rien de mieux, la surveillance tombera ; mais, lisez-les, ces lettres : vous y verrez bien la peine diminuée ou commuée, mais vous y chercherez en vain la clause portant l'ablation de la surveillance; et, au besoin, si le texte pouvait prêter à doute, vous y trouveriez, au contraire, une mention spéciale relative au maintien de cette mesure.

Si la grâce partielle se tait sur la surveillance, il nous semble incontestable que celle-ci reste; évidemment, en pareil cas, il n'y a de remis que ce que les lettres déclarent remettre. Cette grâce a pour but d'enlever ce qui paraît excessif, ce qui est jugé de trop : or, pour savoir ce que la personne qui gracie a voulu retrancher, il faut qu'elle s'en explique; si donc, pouvant retrancher ou commuer une partie, le reste de la peine, et en même temps la surveillance, elle déclare simplement éliminer, commuer une partie de la peine, elle déclare par cela même, implicitement, maintenir la surveillance, précisément parce qu'elle ne prononce pas son ablation. Dans cette occasion, il y a lieu d'appliquer la maxime : *Qui de uno dicit de altero negat.* On trouve encore une raison majeure pour qu'il en soit ainsi : la surveillance est établie spécialement en vue de l'avenir, et le possesseur du droit de grâce, lorsqu'il exerce ce droit comme amnistie partielle du passé, ne doit pas être censé, à moins de preuve contraire, avoir voulu amnistier l'avenir, parce que les motifs qui dictent la première décision ne sont pas les mêmes qui pourraient dicter l'autre. Cela est facile à comprendre : le passé est un livre ouvert, l'avenir un livre fermé.

C'est dans ce sens qu'il a été jugé que la commutation de la peine infligée pour un crime en une simple peine d'emprisonnement correctionnel n'enlève pas la surveillance inhérente à la peine première.

En ce qui concerne le recours en grâce après la peine subie, et pour la dispense de la surveillance, on admet généralement aujourd'hui, comme en principe, qu'il n'est pas recevable; en fait, il n'est jamais accueilli, et, dans ce cas, on ne peut, ainsi que pour les autres incapacités, agir que par la voie de la réhabilitation, et nous avons vu ce qu'elle vaut.

Donc le recours en grâce, pas plus que la demande en réhabilitation, n'est une sauvegarde pour le condamné soumis à la surveillance.

Circonstances atténuantes. — Ainsi que nous venons de le faire pour la réhabilitation et la grâce, nous n'avons à examiner la théorie des circonstances atténuantes que dans ses rapports avec la mise en surveillance.

Signalées comme correctif de cette mesure de police, elles n'ont aucune valeur en ce sens, soit à cause du droit, soit à cause du fait.

En matière criminelle, lorsqu'une condamnation a été prononcée, avec circonstances atténuantes, pour crime entraînant les travaux forcés à perpétuité, la Cour doit abaisser la peine d'un degré au moins : elle peut l'abaisser de deux au plus ; si elle l'abaisse d'un degré, on vient aux travaux forcés à temps ; si elle l'abaisse de deux, on tombe dans la réclusion ; mais les travaux forcés à temps, mais la réclusion emportent, de plein droit, la surveillance ; donc, dans ce cas, le bénéfice des circonstances atténuantes est complétement nul à l'égard de cette mesure. S'agit-il de circonstances atténuantes admises à l'encontre d'un fait entraînant les travaux forcés à temps ? la Cour peut, en abaissant la peine de deux degrés, franchir la réclusion pour appliquer l'art. 401 du Code pénal, qui n'inflige qu'une peine correctionnelle, et n'admet la surveillance que facultativement ; alors, oui..., celle-ci pourrait disparaître. C'est ce que dit la théorie, mais ce n'est pas ce que dit la pratique ; sur cent cas pareils, il n'y a pas deux condamnés à qui l'on accorde la faveur d'une diminution de deux degrés dans la peine ; d'ordinaire, des travaux forcés à temps, on va à la réclusion, et l'on s'y arrête : dès lors, pas possibilité de retrancher la surveillance. Et puis, diminuât-on de deux degrés, correctionnalisât-on l'affaire, en vertu des art. 463 et 401, que ni le président des assises, ni ses assesseurs, n'hésiteraient le moins du monde à prononcer la surveillance, quoique facultative, parce que leur indulgence leur paraîtrait épuisée par la descente de deux degrés. Et pourquoi? parce que la prodigalité avec laquelle la surveillance a été semée dans les sillons de la loi a dû leur faire croire que le législateur attachait un grand intérêt à sa fréquente application; parce qu'il y a tradition, et que, fâcheusement, tradition oblige; parce que, généralement et de prime-saut, les juges ne voient dans cette condamnation spéciale que ce que l'exposé des motifs du Code pénal leur a appris à y voir, une garantie pour l'avenir, sans arrêter leurs méditations sur ses douloureux résultats, chargés qu'ils sont d'appliquer la loi sans avoir à la juger dans l'application qu'ils en font. Ainsi un condamné pour crime emportant les travaux forcés à temps n'a pas à espérer l'exemption de la surveillance, bien qu'on lui ait fait cadeau des circonstances atténuantes.

Si la peine prononcée par la loi est celle de la réclusion, de la détention, du bannissement, l'admission des circonstances atténuantes rend toujours la surveillance facultative par l'application obligée de l'art. 401; mais ici, comme dans l'exemple précédent, la Cour la prononcera néanmoins, n'appliquât-elle que le minimum de l'emprisonnement. Nous avons une assez longue pratique des cours d'assises, et nous n'avons pas souvenir d'un exemple contraire à notre assertion.

Arrivons aux peines correctionnelles, et voyons si, en cette matière, le prétendu palliatif, que nous apprécions, a une bien plus grande utilité.

Ou bien la loi n'admet point de surveillance, ou elle l'admet facultativement, ou elle l'admet d'une manière obligatoire. Nous n'avons pas à nous occuper des deux premiers cas, avec lesquels les circonstances atténuantes, à notre point de vue, n'ont absolument rien à faire, reste donc le troisième : il comprend la récidive, le vagabondage, la mendicité. On s'est longtemps demandé si les tribunaux correctionnels pouvaient, par l'admission des circonstances atténuantes et l'application de l'art. 463, enlever, en tout ou en partie, la surveillance obligatoire ; la raison de douter se tirait de ce que cet art. 463 avait réglé, déterminé avec précision toutes les réductions qu'il voulait autoriser ; il permet, disait-on, la réduction de l'emprisonnement et celle de l'amende ; il autorise à prononcer séparément l'une ou l'autre de ces peines, et même à substituer l'amende à l'emprisonnement, mais il se tait sur la surveillance : donc, il n'autorise ni son ablation, ni sa réduction. La Cour de cassation avait, par plus d'un arrêt, sanctionné cette opinion à l'égard des vagabonds, des mendiants et des récidivistes ; mais enfin, le 2 janvier 1836, par un arrêt rendu en chambres réunies, sur les conclusions conformes de M. le procureur-général Dupin, elle a brisé cette jurisprudence et en a inauguré une nouvelle en décidant que les tribunaux investis par l'art. 463 du Code pénal, non-seulement du droit de modifier la peine de l'emprisonnement, mais même de la retrancher, en cas de récidive, lorsqu'il existe des circonstances atténuantes, peuvent, *à plus forte raison*, se dispenser de prononcer le renvoi sous la surveillance de la haute police.

Cet argument, *a fortiori*, sur lequel la Cour a basé son arrêt, a été critiqué par quelques auteurs qui se sont effrayés du danger que présente, en matière pénale, le système des inductions, surtout pour ajouter au texte de la loi : système qui, selon eux, n'est autre chose que le caprice du juge, ou l'arbitraire déguisé sous la forme de l'argumentation.

Cette objection a bien quelque puissance ; et si nous n'étions dès longtemps disposé à accepter comme un bienfait tout ce qui peut amoindrir les inconvénients de la surveillance, peut-être, malgré notre respect pour la Cour suprême, nous rangerions-nous parmi les dissidents. Avec l'idée que nous nous sommes faite du véritable caractère de cette mesure, il nous serait facile, ce nous semble, d'expliquer par quel motif, nonobstant son dire de l'art. 11, le législateur, dans l'art. 463, s'est tû sur ce point, et pourquoi on ne devrait pas décider, en face de ce silence, que les circonstances atténuantes autorisent les tribunaux à dispenser de la surveillance. Que l'on admette comme nous qu'elle n'est pas une peine, mais seulement un gage, et tout de suite on comprendra qu'il n'y a rien de commun entre elle et l'emprisonnement, entre elle et l'amende, qu'on ne peut dès lors conclure de l'une aux autres.... Mais, nous le répétons, cette jurisprudence nous convient, nous l'acceptons très volontiers, et nous disons : ce que la jurisprudence autorise à faire, les tribunaux ne le font presque jamais. D'abord, ce n'est que dans des occasions exceptionnelles qu'ils accordent les circonstances atténuantes aux récidivistes, aux mendiants, aux vagabonds ; et puis, quand ils les accordent, ils ne s'en servent habituellement que pour modifier l'emprisonnement et l'amende ; il est rare qu'ils les emploient au retranchement de la surveillance : non pas qu'ils ignorent la jurisprudence actuelle, mais c'est que s'ils se reconnaissent juges du passé, ils n'osent pas, quant à l'avenir, assumer sur eux la responsabilité du dénantissement. Depuis quelque temps, néanmoins, nous sommes heureux d'avoir à le constater, ils semblent se lasser de l'emploi de cette mesure ; les réapparitions fréquentes sur le banc correctionnel de ceux qu'elle a frappés, le déplorable état de prostration morale et de décadence dans lequel ils se représentent, ont vivement impressionné bien des magistrats qui, maintenant, pensent comme nous, et qui sont, maintes fois, tentés d'admettre les circonstances atténuantes, uniquement pour avoir la faculté de rejeter la surveillance. Mais, ce serait là un autre abus, car si la gravité du délit vaut la peine entière, il y aurait mal-jugé à modifier cette peine à l'aide de circonstances atténuantes non méritées.

Concluons : les circonstances atténuantes, si efficaces pour la mitigation de la peine, restent stériles et sans portée lorsqu'il s'agit de la surveillance.

Observation commune à la réhabilitation, à la grâce et aux circonstances atténuantes.

En recherchant si ces trois voies adoucissaient les rigueurs de la surveillance, nous n'avons certes pas entendu retirer nos conclusions principales. Quand bien même nous eussions découvert dans ces voies d'amples ressources pour l'amélioration du sort des surveillés, nous n'en aurions pas moins persisté à réclamer la radiation de la mesure. S'il est démontré que cette mesure est inefficace et injuste, la raison ne veut pas qu'on la défende à l'aide de moyens pareils à ceux que l'on pourrait tirer de la réhabilitation, de la grâce et des circonstances atténuantes. Si vous n'avez pas le droit de frapper, de blesser, le topique que vous appliquerez sur la plaie par vous faite, qu'il la guérisse ou non, ne justifiera pas votre action ; ce soin pourra, tout au plus, vous servir d'excuse, et l'excuse implique la faute.

Examen des arguments présentés en faveur de la mise en surveillance. — Ecoutons M. Treilhard présentant au corps législatif, le 2 février 1810, l'exposé des motifs du titre 1er du Code des délits et des peines :

. . . .

« Enfin, en nous occupant des voies de répression, nous
« n'avons pas négligé les moyens de prévenir le mal ; les
« condamnés, après avoir subi leur peine, demeureront,
« dans les cas prévus par la loi, sous la surveillance de la
« haute police.

« Dans un petit Etat, tout le monde est surveillé, parce
« qu'on est, pour ainsi dire, réuni sur un même point, et
« que personne ne peut se soustraire à l'œil vigilant de ses
« concitoyens. Dans un empire immense, il est nécessaire
« qu'une institution sage et active remplace cette surveillance
« respective qui ne peut pas y exister ; il faut que les hommes

« pervers ne soient jamais perdus de vue ; et quelle dénoncia-
« tion plus pressante que celle qui résulte d'un arrêt de con-
« damnation ?

« Je crois, Messieurs, que cette mesure sera vue avec re·
« connaisance par tous les amis de la paix publique.   .   .

« .   .   .   .   »

Ecoutons M. Berlier, exposant devant la même assemblée,
dans la séance du 6 de ce même mois de février 1810, les motifs du livre 3 du même Code :

.   .   .   .

« Cette attribution à la haute police est d'une grande
« importance ; restreinte, par les dispositions générales du
« projet, aux gens sans aveu et aux individus condamnés à
« des peines afflictives ou au bannissement, ne s'exerçant au-
« delà qu'en vertu de condamnations spéciales et pour des cas
« bien déterminés, c'est une véritable institution, dont le nom,
« quelque sévère qu'il puisse paraître au premier aspect, doit
« rassurer et non alarmer les bons citoyens.

« La société n'a-t-elle donc, en effet, aucune précaution à
« prendre, lorsque les hommes qui l'ont grièvement troublée
« rentrent dans son sein ?.   .   .   .   .

.   .   .   .

« Et quand cette restriction des droits individuels du con-
« damné pourrait être considérée comme une aggravation de
« la peine principale, elle serait juste encore puisqu'elle com-
« plète la garantie sociale.   .   .   .   .   .   , ...

.   .   .   .

Ecoutons encore M. D'haubersaert, rapporteur de la commission de législation au corps législatif ; à la même époque,
il disait ceci :

.   .   .   .

« Il a paru essentiel que l'autorité suprême fût mise à por-
« tée d'exercer une surveillance spéciale sur ces hommes qui,
« après avoir subi déjà des condamnations, ne reportent sou-
« vent dans la société que plus de perversité et de dispositions

« aux méfaits; ils ne doivent y être admis qu'avec les sages
« précautions qui les contiennent dans la ligne du devoir. .

Ecoutons, enfin, MM. Hélie et Chauveau, s'exprimant
ainsi dans leur théorie du Code pénal :

« Cette mesure qui succède à la peine, qui saisit le con-
« damné au moment où son châtiment s'achève, est une dis-
« position particulière à la loi française; les Codes des autres
« nations l'ont repoussée, soit qu'ils aient considéré le crime
« comme entièrement effacé par l'exécution de la peine, soit
« que la surveillance leur ait paru une deuxième punition im-
« posée au même fait; mais cette surveillance n'est point, à
« proprement parler, une peine. c'est la privation d'un droit,
« celui de libre locomotion, c'est une incapacité qui pèse sur
« le coupable à la suite du châtiment.

« Nous ne contesterons pas à la société le droit de prendre
« des mesures de précaution à l'égard des hommes dont elle
« a de justes motifs de suspecter la conduite ; et quelle dénon-
« ciation plus pressante que celle qui résulte d'un arrêt de
« condamnation? Un premier crime, bien qu'expié, ne sub-
« siste-t-il pas encore comme une menace jetée à l'ordre so-
« cial ? La société doit donc veiller sur ces hommes; elle doit
« les connaître, et suivre leurs pas. Cette surveillance est une
« mesure de sûreté, une garantie prise dans un intérêt géné-
« ral. *La difficulté ne commence qu'au mode d'exécution.* . .

Voilà ce qui a été dit en faveur de la surveillance; aucun
argument nouveau ne s'est produit, en 1832, devant les
Chambres, lors des changements apportés à cette mesure ;
et les quelques écrivains qui ont eu à s'en occuper incidem-
ment n'ont fait que reproduire, avec brièveté, les motifs mis
en avant par les orateurs, ou auteurs, que nous venons de
citer.

Pesons :

En résumant la partie sérieuse de l'argumentation des partisans de la surveillance, on trouve ceci : intérêt et droit de la société, basés sur les considérations suivantes : C'est un devoir pour la société de veiller au maintien de l'ordre, et la surveillance est un moyen de le maintenir. Il y a des hommes dangereux que leur passage au bagne, ou dans les prisons, pervertit encore davantage ; on doit donc prendre contre eux, comme garantie, à l'expiration de leur peine, des précautions pour tâcher de prévenir de nouveaux méfaits, méfaits à craindre, car un premier crime, bien qu'expié, est une menace jetée à l'ordre social, et une dénonciation pressante.

Si nous ne nous faisons pas illusion, nous avons répondu, par avance, à tous ces arguments en établissant l'inefficacité, l'action démoralisatrice, l'iniquité de la surveillance, non pas dans son principe, mais dans les conséquences de son organisation actuelle. Nous n'avons donc plus, pour notre compte, qu'à ajouter ce peu de mots : Ou changez cette organisation, s'il est possible, ou renoncez à l'application du principe.

Mais ce principe lui-même n'a pas passé sans contestation ; il a trouvé des adversaires, et peut-être n'est-il pas inutile de consigner en cet endroit les objections qu'ils ont faites, ou qu'ils pouvaient faire aux considérations que l'on a présentées en faveur de la mesure que nous repoussons comme eux, quoique par d'autres motifs.

Essayons :

L'intérêt de la société est de même nature que l'intérêt privé puisque, en définitive, la société n'est que l'agglomération des individus unis par des liens communs ; or, on ne contestera point que l'intérêt privé ne donne pas toujours naissance au droit ; si l'on a pu, avec trop de vérité, faire passer en proverbe que l'intérêt est la mesure de nos actions, on ne saurait raisonnablement soutenir qu'un intérêt quelconque est la mesure du droit; du jour où il en serait ainsi, il n'y aurait plus de justice, et la société se dissoudrait. Il est des principes fixes, immuables, éternels, qui ont commencé avec le monde et qui ne finiront qu'avec lui; pierres de touche destinées à éprouver le bien et le mal pour constater la nature de l'un et de l'autre, jalons plantés par Dieu même sur la route de l'humanité pour la diriger dans sa marche, semence divine déposée, au début de la création, dans la conscience de l'homme, afin qu'il la versât à travers l'espace pour féconder les champs de l'avenir; ces principes sont ceux de la morale universelle, du juste et de l'injuste, principes anté-rieurs, supérieurs à toutes les lois sociales.

Si des législateurs violent ces règles primitives, impérissables, par des décrets et des lois contraires à leurs préceptes, la société pourra bien agir de par ces lois, en ce sens qu'elle aura la faculté, le pouvoir de contraindre à l'exécution des prescriptions législatives, mais jamais, non, jamais ces lois ne lui donneront un droit, dans l'acception vraie et honorable du mot: elle pourra agir, elle ne le devra pas.

Cela posé, la question n'est donc pas seulement de savoir si la société a intérêt à la mise en surveillance, mais si elle y a un intérêt légitime, c'est-à-dire, fondé sur la morale, l'équité, les règles de la conscience; voilà la question, l'unique question à résoudre : car s'il y a intérêt légitime, il y a droit.

Eh bien! disent les abolitionistes, comment établit-on cet intérêt légitime, ce droit? En soutenant que la société a le droit et le devoir de maintenir l'ordre, et que la surveillance est un moyen pour arriver à ce but!

Oui, il y a droit et devoir pour la société à maintenir l'ordre: mais dire que la surveillance est un moyen, cela ne suffit pas pour légitimer l'emploi de ce moyen.

Tous les moyens ne sont pas licites pour conduire à un but honnête, pour ramener l'ordre, par exemple. Rien n'est sans mesure dans ce monde : il ne faut pas plus de l'ordre à tout prix, que de la paix, de la liberté même à tout prix.

Peser, concilier, engrener les devoirs et les droits, faire de l'ordre avec la liberté, de la liberté avec l'ordre, fondre ensemble dans le même creuset ces deux métaux réfractaires, et les jeter dans le même moule pour qu'ils en sortent transformés en arche d'alliance, c'est l'œuvre de la sagesse; mais on ne doit pas exiger de la liberté de trop grands sacrifices en faveur de l'ordre, ou, du moins, il faut qu'à son tour l'ordre lui en fasse; c'est seulement ainsi que ces deux voisins, si jaloux de leurs prérogatives, pourront vivre en bonne harmomonie, au profit de la prospérité générale.

Citons un exemple, entre mille, où la société reconnaît que la fin ne justifie pas nécessairement les moyens : fermer les cabarets, les lieux publics, à la tombée de la nuit, serait un moyen très-efficace pour le maintien de l'ordre et de la tranquillité publique; il y aurait moins d'ivrognes, moins de rixes, moins de blessures, moins de meurtres, moins de vols, moins de tapages nocturnes, moins de complots criminels, moins d'associations dangereuses; il y aurait plus d'union dans les ménages, plus d'aisance dans les familles, plus de travail, plus de régularité de conduite, plus d'avantages, en tous genres, pour les pères, pour les mères, pour les femmes, pour les enfants, pour les buveurs eux-mêmes. Pourquoi donc n'ordonne-t-on pas la fermeture de ces établissements aussitôt qu'arrive la nuit? Ah ! c'est que, à côté d'un besoin d'ordre, gît un besoin de liberté; c'est que l'autorité comprend qu'une grave atteinte à celle-ci nuit même à celui-là; c'est que le droit de libre locomotion, le droit d'aller où la volonté mène, est un droit naturel respectable; c'est que des cafés, des cabarets, sont des établissements licites; c'est que la liberté du commerce ne comporte pas des entraves trop rudes; c'est que.... c'est que.... A-t-on la velléité d'objecter que cet état de choses tient à ce que, jusqu'à une heure avancée de la nuit, la police peut exercer sa surveillance dans les lieux publics? Réponse péremptoire : la surveillance de la police empêche-t-elle que de fréquentes querelles, de nombreux délits ne surgissent dans ces lieux-là? Non, car les tribunaux répressifs ont journellement à juger des affaires qui y ont pris naissance; donc, qu'il y ait surveillance ou qu'il n'y en ait pas, si ces établissements étaient fermés à la nuit, le nombre des méfaits serait moins considérable et le repos public mieux assuré; donc, notre argument reste; donc, tous les moyens ne sont pas bons à employer pour le maintien de l'ordre; donc, encore une fois, dire que la surveillance est un de ces moyens, ce n'est pas en justifier l'emploi, ce n'est pas même établir la légitimité de l'intérêt social, et c'est précisément ce qu'il s'agissait de prouver.

On ne fait pas non plus cette preuve quand on dit qu'il est des hommes dangereux que le séjour dans les prisons ou au bagne pervertit davantage encore; qu'un premier crime est une menace à l'ordre social, une dénonciation pressante, et qu'il est utile de prendre des précautions contre les coupables, afin de prévenir de nouveaux crimes.

Cela est bien triste d'avoir à avouer qu'on condamne à des peines dont l'expiration pervertit souvent. Par malheur, le fait est vrai, et par malheur aussi, on en conclut qu'il faut ajouter la surveillance à la peine : deux éléments de dépravation au lieu d'un ! Comment la société peut-elle raisonnablement se servir d'une arme pareille contre les criminels, les frapper de la surveillance à cause de ce levain de perversité que le séjour de la prison fera fermenter dans leur âme! A qui la faute, si notre système pénitentiaire rend ce séjour corrupteur? Pas à celui qu'il corrompt, sans doute; celui-ci ne doit donc pas en répondre, on ne doit pas l'en punir. N'est-ce pas assez que son moral en souffre? faut-il que la loi y ajoute une autre souffrance? Ne serait-ce pas plutôt lui qui aurait le droit, à sa sortie, de demander un compte sévère, et de se plaindre de ces émanations morbifiques qui infectaient son cachot, et dont les effets délétères ont non-seulement retardé l'époque de sa guérison, mais ruiné peut-être à tout jamais sa constitution, déjà affaiblie par des excès, et que des soins intelligents et assidus auraient pu rétablir? Assainissez les lieux

de détention, et n'appliquez votre surveillance qu'à la réalisation de cette digne entreprise.

A cette réfutation, présentée par les abolitionistes, les partisans de l'opinion contraire font une objection qui comporte
examen, ils disent : il se rencontre des criminels gangrenés
qui, quand bien même la prison, le bagne, n'agiraient pas
funestement sur eux, ne reprennent leur liberté qu'avec les
dispositions les plus dangereuses : il importe donc de les
surveiller.

Oui, répliquent les abolitionistes, il peut se rencontrer des
criminels de cette espèce, mais ce fait n'autorise pas la surveillance par jugement. On ne saurait contester qu'elle ne
soit une flétrissure : un jugement correctionnel, qui déclare
qu'après l'expiration de votre peine vous serez soumis tem-
porairement à la surveillance comme suspect et dangereux,
vous flétrit incontestablement : car en proclamant ses doutes
accusateurs sur la moralité de votre conduite ultérieure, il
préjuge défavorablement, il incrimine, il entache votre avenir, qui, quand il est question de crime, se trouve de plus
fort entaché encore par la seule volonté de la loi, puisque
cette loi vous déclare, de plein droit, surveillé à perpétuité.
Or, ce sont des décisions bien hasardées que celles-là, savez-
vous? Pour justifier la peine, on a le passé, on a le fait criminel : mais pour justifier la surveillance, a-t-on l'avenir?
Quel homme l'a eu dans sa main pour savoir ce qu'il pèse?
Sait-on ce qu'il sera, s'il sera pur ou impur? Le passé ne
peut-il pas être coupable et l'avenir innocent? La peine ne
peut elle pas régénérer? Qui, la main sur la conscience, oserait affirmer sous serment la culpabilité de l'avenir? Où sont
les témoins qui viendront déposer contre ce mystérieux
inconnu entouré de ténèbres, contre ce fœtus du temps non
encore à terme? Est-ce le passé qui sera ce témoin? Mais le
passé n'a jamais vu, ni entendu, ni connu l'avenir; s'il en a
ouï dire quelque chose, c'est par des gens qui ne l'ont pas
plus vu, pas plus entendu, pas plus connu que lui; comment

donc déposerait-il? Par pressentiment, par suppositions! Mais un témoignage de cette nature a-t-il jamais fait preuve? Et si la preuve manque, s'il ne reste que des soupçons, de quel droit la flétrissure est-elle infligée?

Prenez-garde, législateurs! en bon français, cela s'appelle des procès de tendance : car vous jugez, vous condamnez sur des inductions les intentions futures, qui pourtant, n'existant pas encore, ne peuvent être de vous connues, ni par vous appréciées d'une manière certaine, qui pourront être bonnes, qui pourront être mauvaises, selon le développement plus ou moins régulier des dispositions internes et des événements extérieurs réglant la destinée de chaque condamné, et qui, par ce motif même, restent insondables, sinon sous le rapport hypothétique, du moins au point de vue de la répression. Le péché originel peut bien avoir sa valeur comme dogme chrétien, parce que la religion révélée nous ordonne d'humilier notre raison devant la foi, et que les vues secrètes de la Providence ne doivent pas s'expliquer par les lumières naturelles; mais c'est la raison, c'est l'équité, qui, juges souverains des œuvres de ce monde, doivent présider à la distribution des châtiments devant l'aréopage de l'humanité, et l'une et l'autre décident, non-seulement que le péché d'origine, confessé en Cour d'assises, et expié par la pénitence du bagne, ne doit pas atteindre les générations successives, mais encore qu'il ne peut, sans violation des principes tutélaires de la justice, entacher, fût-ce par ordre de la loi, l'avenir du coupable qui, la peine subie, a payé sa dette.

Que parle-t-on d'une menace que renfermerait le fait puni, et la dénonciation pressante qui résulterait de l'arrêt ou du jugement de condamnation!

Un crime, expié comme crime, subsiste encore comme menace à l'ordre social! C'est là le langage que tiennent MM. Hélie et Chauveau, criminalistes recommandables et profondément versés dans la science. Cet aphorisme est-il vrai? Si un crime subsiste encore légalement sous un aspect ou sous un autre, on ne peut pas dire qu'il soit expié : car l'expiation, c'est le paiement intégral de la créance sociale, conséquemment son extinction. Qu'on ne confonde pas : sans doute, moralement parlant, un crime, quoique expié par la peine, laisse après lui des traces; ainsi, le renom du coupable est souillé, son honneur est flétri, l'estime publique s'est retirée de lui, et la peine seule qu'il a subie ne lui fera pas recouvrer ces biens précieux que sa faute lui a fait perdre, mais, dans le sens légal et répressif, il est bien difficile d'admettre que le même crime puisse être tout à la fois expié et non expié, expié comme fait, non expié comme menace, et surtout qu'il soit incriminé comme menace, après avoir été puni comme fait. Cette division d'un fait criminel en deux branches, cette dissection qu'on lui faire subir, ne sont-elles pas contraires aux saines notions du juste? On irait bien loin avec ce système; son élasticité pourrait lui donner une effrayante étendue, il deviendrait loisible d'aller jusqu'à décréter contre une action coupable : 1° une peine pour atteinte à l'ordre; 2° une peine pour le mauvais exemple; 3° une peine pour la menace; 4° une peine pour la perversité; 5° et 6°..., ainsi de suite et sans fin, ou, du moins, la surveillance pour chacune de ces divisions.

Est-ce que quand la loi prononce une peine contre un fait, elle n'entend pas punir tous les éléments de ce fait à la fois ? Est-ce que dans les motifs de la peine unique ne se trouve pas comprises et l'atteinte à la personne ou à la propriété, et l'atteinte à l'ordre et la perversité?... N'est-ce pas spécialement pour atteindre la perversité dans tous ses degrés que le législateur a établi l'échelle qui va du minimum au maximum? Il y aurait donc double emploi, hors-d'œuvre, injustice à incriminer, de rechef, par de rigoureuses prescriptions, ces élémens divers déjà punis.

L'argument de la menace n'est donc pas bon; il l'est d'autant moins que, en réalité, la prétendue menace n'existe pas.

La menace ne peut se comprendre séparée de l'intention, de la volonté : or, n'arrive-t-il pas le plus souvent qu'un crime a lieu sans que l'auteur, en le commettant, ait songé à en commettre d'autres? Oui, certes; et alors comment voir dans le fait perpétré une menace de crimes futurs? Il est à croire qu'en parlant de menaces, MM. Hélie et Chauveau ont simplement voulu dire qu'un crime commis inspire, à bon droit, à la société des craintes pour l'avenir. S'il en est ainsi, ils sont dans le vrai, sauf qu'ils en déduisent une conséquence fausse, comme la présente discussion tend à le prouver.

Un arrêt de condamnation est une dénonciation pressante!

Qu'est-ce à dire..., qu'un verdict affirmatif révèle la corruption du condamné? Oui, certainement; et puis..., que cette corruption est un danger pour la société? Oui, encore; et puis..., que le danger justifie la surveillance? Ah! arrêtez-vous ici, et causons.

Ne nous occupons plus de la perversité du condamné au moment de l'arrêt; celle-là, nous l'avons démontré, a été, a dû être punie selon son intensité par la plus ou moins grande sévérité de la peine; le danger n'est donc pas dans la perversité passée ou actuelle, mais seulement dans la continuation de cette même perversité après la peine subie, c'est-à-dire dans la perversité future : cela est clair. Qu'en résulte-t-il d'abord? Que la loi pénale, en prononçant la surveillance, juge la perversité détachée du fait; or, la perversité détachée du fait n'est ni une contravention, ni un délit, ni un crime, seules atteintes que cette loi ait mission de réprimer; elle n'est qu'un état, qu'une disposition de l'esprit ou du cœur; la loi va donc jusqu'à juger, jusqu'à flétrir la pensée; elle transforme la Cour d'assises en confessionnal, en tribunal d'inquisition! Si cela est légitime, il le serait tout autant de poursuivre et de juger correctionnellement ceux dont les habitudes vicieuses, l'oisiveté, la débauche, la paresse, pourraient être attestées par témoins, et de les condamner tous à la surveillance comme dangereux, car ils le sont, en effet, ces gens-là ; pourquoi même serait-il nécessaire d'obtenir une sentence judiciaire ? Est-ce qu'il ne suffirait pas d'une décision du conseil municipal, ou bien d'un arrêté du maire, ou du commissaire de police dont les agents, en contact quotidien avec la population, fourniraient, mieux que personne, des renseignements précis ? Il serait facile de séparer les suspects par catégories, comme on fait pour les criminels : ceux qui n'auraient que des défauts seraient soumis à la surveillance à temps, ceux qui seraient atteints et convaincus de vices subiraient bel et bien la surveillance à vie ! ! !

Voilà où pourrait conduire, et plus loin encore, la voie périlleuse de la justice préventive : c'est-à-dire à l'arbitraire, à la violation de l'asile sacré de la conscience, au pillage de la pensée, à la profanation de la dignité de l'homme, au renversement de toutes les règles sanctionnées par la sagesse, et à l'érection du despotisme le plus outrageant.

Mais ceci n'est pas tout : la loi fait bien autre chose ! elle flétrit non pas la pensée actuelle, mais la pensée future, qui n'éclora pure ou suspecte que selon qu'il plaira à Dieu, à Dieu qui seul peut déchiffrer les caractères hiéroglyphiques de l'avenir, à Dieu qui n'a accordé à aucune de ses créatures ce don de prescience qu'elles veulent pourtant s'arroger.

En mathématiques, à l'aide du connu on découvre l'inconnu ; le fameux X est forcé de décliner son véritable nom au savant qui le presse de questions d'arithmétique ou d'algèbre ; mais c'est que le X existait quoique inconnu, quoique à l'état latent ; il s'agissait seulement de le dégager de l'obscurité qui le voilait. Ainsi fait l'astronome signalant une comète.

Il n'en est pas de même de la pensée future de l'homme : non-seulement elle est inconnue, mais elle est dans le néant ; avant de la signaler il faudrait d'abord l'inventer, et qui peut se poser en inventeur ici-bas ? Le législateur n'a pas à sa disposition d'instruments astronomiques assez puissants pour apercevoir cette nébuleuse qui n'est pas encore allumée à l'horizon.

Le regard si exercé, si perçant de la raison elle-même, ne peut lui faire connaître l'approche de l'avenir que par les débris du présent qui tombent; mais elle ne le verra et ne pourra distinguer sa forme qu'au moment où l'avenir, changeant de nom, et visible alors à l'œil nu, remplacera le présent qui ira rejoindre le passé.

Conclusion spéciale : la crainte d'infractions ultérieures à la loi de la part du criminel, *primipare* ou non, crainte qui peut légitimer des précautions inoffensives, ne légitime point la mise en surveillance.

Conclusion générale : abrogation de cette mesure.

Ainsi raisonnent, peuvent raisonner du moins, les adversaires du principe de la surveillance.

Quant à nous, pas ne nous était besoin, pour arriver à une conclusion semblable, de nous appuyer sur cette argumentation. Nous avons préféré examiner la question sous le rapport pratique, en quelque sorte, afin de ne pas heurter de front certaines susceptibilités; nous avons adopté l'opinion de MM. Hélie et Chauveau qui prétendent que la difficulté gît dans le mode d'exécution; seulement cette difficulté nous a paru insoluble, et cela nous a conduit à solliciter le rejet de la mesure. Mais, nous le déclarons franchement, si, contre notre attente, les considérations par nous présentées étaient jugées impuissantes et sans valeur, nous n'hésiterions pas à attaquer le principe avec les mêmes armes que nous venons de mettre dans les mains de ses ennemis.

Notre tâche est terminée.

Nous serions heureux si ce petit écrit, tout incomplet qu'il est, ramenait à notre opinion quelques-uns des législateurs qui seront appelés à coopérer aux nombreuses réformes que réclame notre système répressif.

Nous aurions un regret si nous pouvions présumer que des esprits droits blâmassent l'homme de robe de s'être insurgé contre un texte de son bréviaire; mais la réflexion nous rassure; notre but est trop évident, trop honnête, pour qu'on puisse se méprendre sur nos intentions : nous désirons que les taches qui souillent notre Code pénal disparaissent, qu'il se purifie au contact de la raison, qu'il brille de l'éclat des lumières nouvelles, qu'il sympathise avec les mœurs que le temps nous a faites, et que l'ardent soleil de la République éclaire enfin de ses rayons adoucis et bienfaisants l'union éternelle de l'humanité et de la justice, ces deux nobles filles de Dieu que la barbarie et le fanatisme séparèrent au sortir de leur berceau commun, et qui depuis, égarées l'une et l'autre dans la nuit des siècles et la poussière des âges, n'ont encore pu se rencontrer et se donner la main.

Si le devoir de chaque citoyen est d'apporter sa pierre, ou son grain de sable pour la construction, la réparation, la consolidation, l'embellissement de l'édifice social, pourquoi donc un magistrat ne pourrait-il pas, apportant le tribut de ses méditations, signaler, avec mesure, les imperfections de la loi qu'il est chargé d'appliquer? Notre Code pénal n'est pas un Evangile sacré contenant des dogmes immuables et infaillibles, c'est une œuvre humaine qu'on doit améliorer et perfectionner comme toute autre œuvre, plus que toute autre peut-être, avec prudence et sagesse, sans doute, mais aussi avec fermeté et décision, pour la rendre digne de la grande nation à laquelle elle est destinée.

Voilà l'avenir vers lequel tendent nos vœux.

Ce ne sont pas les vœux d'un homme qui songe à nier le droit de défense de la société, mais ce sont ceux d'un magistrat qui désire que sa conscience repose en paix à côte de ses jugements. Qu'on se garde surtout de nous considérer comme un magistrat d'un caractère faible et d'une indulgence excessive; telles ne sont pas, telles n'ont jamais été nos allures; nous savons être ferme et sévère quand il y a lieu : mais nous voulons avant tout, et toujours pouvoir être juste, non-seulement devant la loi, mais devant la raison, cette loi suprême. Que le législateur frappe, qu'il frappe fort, pas trop fort pourtant, mais qu'il frappe juste. Voilà notre dernier mot.

FIN.

www.ingramcontent.com/pod-product-compliance
Lightning Source LLC
Chambersburg PA
CBHW061748050726

47598CB00002B/640